Band 75

b.i.t.online innovativ

Band 75

Codingveranstaltungen in Kinder- und Jugendbibliotheken

Handlungsempfehlung für
Öffentliche Bibliotheken in Deutschland

2019
b.i.t.verlag gmbh, Wiesbaden

Innovationspreis 2019

Codingveranstaltungen in Kinder- und Jugendbibliotheken

Handlungsempfehlung für
Öffentliche Bibliotheken in Deutschland

Bachelorarbeit
von Denise Rudolph

zur Erlangung des akademischen Grades Bachelor of Arts,
im Studiengang Bibliotheksmanagement
an der Fachhochschule Potsdam
Fachbereich Informationswissenschaften

Erstgutachten: Prof. Dr. Antje Michel
Zweitgutachten: Mag. Danilo Vetter
Potsdam, 29.01.2018

2019
b.i.t.verlag gmbh, Wiesbaden

b.i.t.online – Innovativ
Bibliografische Information der Deutschen Bibliothek
Die Deutsche Bibliothek verzeichnet diese Publikation in der Deutschen Nationalbibliografie;
detaillierte bibliografische Daten sind im Internet über http://dnb.ddb.de abrufbar.
ISBN 978-3-934997-96-7

ISBN 978-3-934997-96-7
ISSN 1615-1577

© b.i.t.verlag gmbh, 2019 Wiesbaden
Alle Rechte vorbehalten, insbesondere die des Nachdrucks und der Übersetzung.
Ohne Genehmigung des Verlages ist es nicht gestattet, dieses Werk oder Teile daraus in
einem fotomechanischen oder sonstigen Reproduktionsverfahren oder unter Verwendung
elektronischer Systeme zu verarbeiten, zu vervielfältigen und zu verbreiten.

Printed in Germany

Vorwort

Bibliotheken werden durch die Digitalisierung, die Integration neuer Medien und Technologien herausgefordert, neue attraktive Angebote und an die aktuellen Bedürfnisse der Nutzer angepasste Dienstleistungen anzubieten.
Fast folgerichtig, dass die mit dem b.i.t.online-Innovationspreis 2019 ausgezeichneten Arbeiten auf einige dieser Herausforderungen eingehen.

Carmen Krause:
Internet der Dinge: Potenziale für Bibliotheken
Chancen auch für Bibliotheken bietet das seit einigen Jahren aus dem Alltagsleben bekannte IoT (Internet of Things / Internet der Dinge) mit seinen Möglichkeiten der Vernetzung von physischen und virtuellen Gegenständen über das Internet.
In der Bachelorarbeit von Carmen Krause werden, Blogbeiträge und die wenigen existierenden Aufsätze zum Thema hinzuziehend, die Einsatzmöglichkeiten von IoT-Technologien für Bibliotheken und die daraus resultierenden Optimierungspotenziale und möglichen Angebotserweiterungen aufgezeigt.
Empfohlen wird für den Weg zu einer möglichen zukünftigen smarten Bibliothek – ungeachtet nicht verkannter personeller Engpässe und vorherrschender Ressourcenknappheit in den Einrichtungen – eine Einarbeitung in das Thema.

Sophia Paplowski:
Beacons in Bibliotheken: Ein Überblick über die praktischen Einsatzmöglichkeiten der Indoor-Navigation in Bibliotheken und die Resonanz der Anwender
Beacons, 2013 von Apple eingeführt, stehen im Fokus der Abschlussarbeit von Sophia Paplowski.
Gestützt durch Experteninterviews wird ein Überblick über aktuelle Einsatzmöglichkeiten von Beacons in Bibliotheken gegeben, vorrangig in der Indoor-Navigation, aber auch bei der Integration des IoT und der dadurch möglichen Veränderung des Bibliotheksalltags bis hin zur unterstützenden Nutzung bei Kinder- und Jugendführungen.

Diese recht junge Technologie, in Deutschland u. a. in der Bayerischen Staatsbibliothek, der Bibliothek der Technischen Hochschule Wildau und der KIT-Bibliothek Karlsruhe angewendet, versteht sich bisher noch hauptsächlich im Nagivationskontext als Ergänzung, nicht als Ersatz bisheriger visueller Leit- und Orientierungssysteme in den Räumlichkeiten, als moderne Alternative für technikaffine Nutzer, die bei Smartphone-Nutzung durch die Vernetzung mit anderen Gegenständen/Geräten die Indoor-Navigation ermöglicht. Darüber hinaus sind zahlreiche zukünftige Anwendungsszenarien in Bibliotheken denkbar wie beispielsweise die Anzeige freier Arbeitsplätze in Lesesälen. Beacons sind dabei nicht nur für größere Bibliothekseinrichtungen, sondern grundsätzlich für alle Öffentlichen und Wissenschaftlichen Bibliotheken einsetzbar.

Denise Rudolph:
Codingveranstaltungen in Kinder- und Jugendbibliotheken —
Handlungsempfehlung für Öffentliche Bibliotheken in Deutschland
Diverse digitale Veranstaltungsformen in Bibliotheken und Makerspace-Formate ergänzen zunehmend klassische Bibliotheksangebote, auch wird verstärkt Medienkompetenzerweiterung als Bibliotheksaufgabe angesehen.
Niedrigschwellige Veranstaltungen zum Erwerb von Programmierkenntnissen findet man aber auch in großen Bibliotheken in Deutschland, im Gegensatz zu Finnland oder den USA, bislang nur selten, auch die Literaturlage ist dürftig.
Und dies, obgleich sich zwischenzeitlich verschiedene Initiativen der zunehmenden Bedeutung von Programmierfähigkeiten für alle Altersgruppen annehmen und auch kostenfreie Programme zum spielerischen Erlernen von Programmieren verfügbar sind.
Denise Rudolph empfiehlt für die Durchführung von Codingveranstaltungen für Kinder und Jugendliche in Öffentlichen Bibliotheken möglichst regelmäßig stattfindende offene Veranstaltungen und/oder Makerspace-Angebote zum u. a. selbstständigen Ausprobieren von Programmen bzw. Geräten. Die abgesehen von einem geeigneten (Computer-)Raum benötigten Mittel vorrangig für Betreuer und Laptops können ggf. durch Drittmittel oder Sponsorengelder beschafft werden. Und sofern überhaupt notwendig, publikumswirksam beworben werden kann ein solches, von der Bibliothek vielleicht nicht erwartetes, Angebot z. B. durch den Einsatz von batteriebetriebenen Robotern bei Veranstaltungen.

Codingveranstaltungen in Kinder- und Jugendbibliotheken

Handlungsempfehlung für Öffentliche Bibliotheken in Deutschland

Bachelorarbeit

Inhaltsverzeichnis

Vorwort	5
Abbildungsverzeichnis	12
Abkürzungsverzeichnis	13
1 Einleitung	15
Teil 1: Codingveranstaltungen in der Theorie	18
1.1 Forschungsstand	18
1.2 Was ist Coding?	18
1.3 Coding mit Kindern und Jugendlichen	19
1.4 Coding in Bibliotheken	22
Teil 2: Codingveranstaltungen Öffentlicher Bibliotheken in Deutschland	25
2.1 Methodische Vorgehensweise	25
2.1.2 Leitfadenorientiertes Experteninterview	25
2.1.2 Forschungsgegenstand	26
2.1.3 Vorstellung der interviewten Bibliotheken	29
2.1.3.1 Bibliothek A	29
2.1.3.2 Bibliothek B	30
2.1.3.3 Bibliothek C	31
2.1.3.4 Bibliothek D	32
2.1.4 Die ExpertInnen	33
2.1.4.1 Expertin A – Bibliothek A	33
2.1.4.2 Expertin B – Bibliothek B	34

2.1.4.3 Expertin C – Bibliothek C	34
2.1.4.4 Expertin D – Bibliothek D	34
2.1.4.5 Expertin E – Bibliothek D	35
2.2 Durchführung	35
2.2.1 Leitfadenkatalog	35
2.2.2 Interviewbeschreibung	37
2.3 Auswertung	38
2.3.1 Transkriptionsregeln	38
2.3.2 Qualitative Inhaltsanalyse nach Meuser und Nagel	39
2.4 Bericht	42
2.4.1 Beschreibung des Kategoriensystems	42
2.4.2 Ergebnisbericht	45
Entwicklung	46
2.4.2.1 Zuständige Personen	46
2.4.2.2 Einführung in das Thema	46
2.4.2.3 Inspiration	46
2.4.2.4 Schwerpunkt	47
Konzept	47
2.4.2.5 Konzeptentwicklung	47
2.4.2.6 Veranstaltungsablauf	48
2.4.2.7 Stattgefundene Aktivitäten	49
2.4.2.8 Betreuung	52
2.4.2.9 TeilnehmerInnen	52
2.4.2.10 Zeitlicher Turnus	53
2.4.2.11 Finanzierung	53
Bewertung	53
2.4.2.12 Erfahrung und Tipps der zuständigen Personen	53
2.4.2.13 Meinungen anderer Personen	55

2.4.2.14 Schwierigkeiten ... 55
2.4.2.15 Ziele für die Zukunft ... 56
2.5 Gütekriterien ... 57
   2.5.1 Verfahrensdokumentation ... 57
   2.5.2 Argumentative Interpretationsabsicht ... 57
   2.5.3 Regelgeleitetheit ... 58
   2.5.4 Nähe zum Gegenstand ... 58
   2.5.5 Kommunikative Validierung ... 58
   2.5.6 Triangulation ... 59

Teil 3: Die Open-Roberta-Initiative ... **60**
3.1 Open Roberta ... 60
3.2 Open Roberta Coding Hub ... 61
3.3 Open Roberta Coding Lab ... 63

Teil 4: Handlungsempfehlungen für die Praxis ... **68**
4.1 Vorbereitung ... 68
   4.1.1 Konzept ... 68
   4.1.2 Finanzierung ... 72
   4.1.3 Marketing ... 72
4.2 Durchführung ... 73
4.3 Nachbereitung ... 74
4.4 Interne Kommunikation ... 75

Fazit ... **76**

Literaturverzeichnis ... **79**

Abbildungsverzeichnis

Abbildung 1: Vergleichsgruppen im BIX-ÖB   28
Quelle: "Die Vergleichsgruppen ("BIX-Kategorien") für
Öffentliche Bibliotheken," zuletzt geprüft am 20.01.2018,
http://www.bix-bibliotheksindex.de/projektinfos/vergleichsgruppen/
oeffentliche-bibliotheken.html

Abbildung 2: Open Roberta Coding Lab   63
Quelle: "Open Roberta Coding Lab," zuletzt geprüft am 20.01.2018,
https://lab.open-roberta.org

Abbildung 3: Open Roberta Coding Lab - Übersicht der Blöcke   64
Quelle: "Open Roberta Coding Lab," zuletzt geprüft am 20.01.2018,
https://lab.open-roberta.org

Abbildung 4: Open Roberta Coding Lab - Blöcke zusammenfügen   64
Quelle: "Open Roberta Coding Lab," zuletzt geprüft am 20.01.2018,
https://lab.open-roberta.org

Abbildung 5: Open Roberta Coding Lab - Robotersimulation   67
Quelle: "Open Roberta Coding Lab," zuletzt geprüft am 20.01.2018,
https://lab.open-roberta.org

Abkürzungsverzeichnis

ALA	American Library Association
CBA	Center for Bits and Atoms
CCPL	Carroll County Public Library
CNC	Computerized Numerical Control (dt. rechnergestützte numerische Steuerung)
Fab Lab	Fabrication Laboratory (dt. Fabrikationslabor)
IOT	Internet of Things (dt. Internet der Dinge)
JIM	Jugend, Information, (Multi-)Media
JuLiD	Jugendliteraturjury Dreieich
KIM	Kindheit, Internet, Medien
LfM	Landesanstalt für Medien Nordrhein-Westfalen
MINT	Mathematik, Informatik, Naturwissenschaft, Technik
MIT	Massachusetts Institute of Technology
mpfs	Medienpädagogischer Forschungsverbund Südwest
TN	Teilnehmende
VR	Virtual Reality (dt. Virtuelle Realität)

1 Einleitung

In unserer modernen Gesellschaft gewinnt das Thema Programmieren bzw. Coding immer mehr an Bedeutung. Erst kürzlich hat Bundeskanzlerin Angela Merkel auf der Deutsch-Französischen Digitalkonferenz betont, dass Programmieren in Zukunft eine der wichtigen Fähigkeiten sein wird, die Kinder und Jugendliche benötigen werden.[1]

Verschiedene Initiativen und Programme sollen das Erlernen von Programmiersprachen vereinfachen und in jedem Alter ermöglichen. Dazu gehören z. B. die Verbreitung der Mikrocontroller Calliope-mini als Klassensets in zahlreichen Schulen[2] und die Open-Roberta-Initiative des Fraunhofer-Instituts zusätzlich in außerschulischen Einrichtungen, wie auch Bibliotheken.[3]

Die Anfang 2018 neu eröffnete Kurt-Tucholsky-Bibliothek in Berlin Pankow geht beispielsweise im Frühjahr 2018 eine Kooperation mit der Fraunhofer-Gesellschaft zur Förderung der angewandten Forschung e. V. ein. Sie übernimmt damit die Rolle eines „Open Roberta Coding Hubs". Damit entspricht die neue Kinder- und Jugendbibliothek ihrem gesetzten Schwerpunkt zum Thema Digitale Welten. Mithilfe des cloudbasierten Open-Source-Programms „Open Roberta" wird es in der Bibliothek in Zukunft Kindern und Jugendlichen ermöglicht, spielerisch Programmierfähigkeiten zu erlernen.[4]

Diese Entwicklungen inspirierten die Autorin dieser Arbeit, das Thema Codingveranstaltungen mit Kindern und Jugendlichen in Bibliotheken zu untersuchen. Anhand gewonnener Informationen aus der Fachliteraturrecherche und

---

[1] „Rede von Bundeskanzlerin Merkel zur Deutsch-Französischen Digitalkonferenz am 13. Dezember 2016," zuletzt geprüft am 07.01.2018, https://www.bundeskanzlerin.de/Content/DE/Rede/2016/12/2016-12-13-deutsch-franzoesische-digitalkonferenz.html.

[2] „Übersicht der Calliope-mini-Pilotschulen," zuletzt geprüft am 05.01.2018, https://calliope.cc/schulen/pilotphase.

[3] „Vorbeikommen, losprogrammieren. Die Open Roberta Coding Hubs," zuletzt geprüft am 25.01.2018, https://www.roberta-home.de/initiative/roberta-netzwerk/open-roberta-coding-hubs/.

[4] „Intuitiv programmieren lernen im Open Roberta Lab," zuletzt geprüft am 25.01.2018, https://www.roberta-home.de/lab/.

den leitfadenorientierten Experteninterviews soll eine Handlungsempfehlung für die Durchführung von Codingveranstaltungen mit Kindern und Jugendlichen entwickelt werden. Das Hauptaugenmerk liegt dabei auf dem Programm „Open Roberta", um die Arbeit der BibliothekarInnen in der Kurt-Tucholsky-Bibliothek zu unterstützen. Um dieses Ziel zu erreichen, wurden drei Forschungsfragen formuliert, die im Laufe er Arbeit beantwortet werden sollen.

Formulierung der Forschungsfragen:

1. Wie ist der aktuelle Stand der Fachliteratur zum Thema Coding mit Kindern und Jugendlichen im Kontext Öffentlicher Bibliotheken?
2. Wie laufen Codingveranstaltungen in ausgewählten Öffentlichen Bibliotheken in Deutschland – in Bezug auf Entwicklung, Konzeption und Durchführung – mit Kindern und Jugendlichen ab?
3. Wie kann das Codingprogramm „Open Roberta" bei Bibliotheksveranstaltungen mit Kindern und Jugendlichen eingesetzt werden?

Zu Beginn erfolgen die Sichtung der Fachliteratur und eine theoretische Einführung in den Themenbereich Coding. Dafür wird im ersten Teil der aktuelle Forschungsstand dargestellt. Es werden verschiedene Meinungen aus der Fachliteratur zitiert und gegenübergestellt, die sich mit dem Thema Coding mit Kindern und Jugendlichen befassen. Inwieweit Coding in den Ort der Bibliothek passt oder nicht, wird anhand der Fachliteratur in einem weiteren Abschnitt dieses Teils erklärt.

Anschließend wird im zweiten Teil der Arbeit untersucht, wie Codingveranstaltungen in ausgesuchten Bibliotheken vonstattengehen. Dafür wurden Interviews mit den einzelnen Bibliotheken durchgeführt. Der geographische Untersuchungsraum bezieht sich auf Öffentliche Bibliotheken in Deutschland. Da keine der befragten Bibliotheken das Programm „Open Roberta" verwendet, werden sich die Ergebnisse allgemein auf Codingveranstaltungen – unabhängig vom eingesetzten Programm – beziehen.

Die „Open-Roberta-Initiative" wird im dritten Teil der Arbeit vorgestellt. Die vom Fraunhofer-Institut angedachten Einsatzmöglichkeiten und eine Beschreibung des Programms folgen. Damit soll dargestellt werden, in wie weit das Codingprogramm „Open Roberta" in Bibliotheken Anwendung finden kann.

Die gewonnenen Informationen dieser dargestellten Teile münden in eine Handlungsempfehlung, wie man Codingveranstaltungen für Kinder und Jugendliche planen und durchführen kann. Die Empfehlungen werden unabhängig von dem Programm „Open Roberta" aufgeführt, um möglichst vielen interessierten BibliothekarInnen Orientierungspunkte bieten zu können.

Am Schluss werden in einem Fazit die Arbeit reflektiert und Vergleichspunkte mit ausländischen Bibliotheken aufgezeigt. Mit ihren eigenen Gedanken reflektiert die Autorin die Ergebnisse dieser Arbeit und ordnet sie in die Fachdiskussion ein.

Aus Gründen der Wahrung von Persönlichkeitsrechten und Datenschutzbestimmungen wurde die Arbeit für die Veröffentlichung bearbeitet sowie anonymisiert.

Teil 1: Codingveranstaltungen in der Theorie

1.1 Forschungsstand

Um die erste Forschungsfrage zu beantworten, wurde in verschiedenen Literaturquellen recherchiert. Dazu gehörten die Bibliothekskataloge der Fachhochschule Potsdam, der Humboldt-Universität zu Berlin sowie der Bibliothek A und die Datenbanken Infodata, Infodata e-Depot, Library and Information Science Abstracts (LISA), Datenbank Deutsches Bibliothekswesen (DABI), Bielefeld Academic Search Engine (BASE) sowie das Fachportal Pädagogik (FIS Bildung). Die Quellenlage zur Thematik Codingveranstaltungen in Kinder- und Jugendbibliotheken erwies sich als ungenügend. Im Nachfolgenden wird das Thema Coding allgemein erläutert und anschließend das Thema in Bezug auf Kinder und Jugendliche sowie Bibliotheken beschrieben.

1.2 Was ist Coding?

Coding oder auch Programmieren wird nach dem Duden wie folgt definiert: „Ein Programm für einen Computer, eine computergesteuerte Anlage o. Ä. aufstellen; einem Computer Instruktionen eingeben."[5]

Die Digitalisierung hält Einzug in fast alle Lebensräume der heutigen Gesellschaft. Viele Geräte und Tätigkeiten funktionieren auf Grund einer programmierten Software, die der dazugehörigen Hardware vorgibt, was zu tun ist. Damit das auch fehlerlos funktioniert, wird eine Programmiersprache verwendet. Für jede Aufgabe gibt es verschiedene geeignete Programmiersprachen, die verschiedene Regeln beinhalten, in welcher Reihenfolge welche Zeichenfolge eingegeben werden muss. Diese sogenannten Codes werden dann von entsprechenden Programmen auf der Hardware in computerlesbare Sprache, den Binärcode, umgewandelt.[6]

---

5   „programmieren," zuletzt geprüft am 07.01.2018, https://www.duden.de/rechtschreibung/programmieren.
6   Julia Hoffmann, Natalie Sontopski, We love code!: das kleine 101 des Programmierens (Leipzig: Koehler & Amelang, 2016), 16 – 37.

Wie bereits aufgeführt, ist Coding, also das Programmieren technischer Software, der Hintergrund hinter den digitalen Angeboten, die uns umgeben. Das Verständnis für die grundlegende Funktionsweise sowie Gesetzmäßigkeiten des Programmierens ist die Voraussetzung, um die digitale Welt aktiv mitgestalten und beeinflussen zu können.[7]

1.3 Coding mit Kindern und Jugendlichen

In der Fachliteratur gibt es viele verschiedene Meinungen zum Thema Coding im Zusammenhang mit Kindern und Jugendlichen. Die AutorInnen, die nachfolgend zitiert werden, sind überwiegend GründerInnen und GeschäftsführerInnen verschiedener medienpädagogischer Institute. Der Politikwissenschaftler Dr. Philipp Knodel und die Informatikerin Dr. Diana Knodel sind die GründerInnen der sogenannten *App Camps*.[8] Das Institut *Codingschule* wurde von Güncem Campagna gegründet.[9] Die Designerin Franziska Schmid hat gemeinsam mit Dr. Julia Kleeberger die sogenannten *Jungen Tüftler* ins Leben gerufen.[10] Alle drei Unternehmen haben es sich zur Aufgabe gemacht, Kinder und Jugendliche durch Medienkompetenzen, insbesondere Programmierfähigkeiten, auf die digitale Zukunft vorzubereiten.

Die AutorInnen sehen das Thema Coding vor allem im Kontext der Schulbildung. Bibliotheken finden hingegen nur wenig Beachtung. In einem Artikel der Zeitschrift *Codingkids,* deren Schwerpunkt sich auf digitale Bildung konzentriert, erklärt Philipp Knodel, dass sich die App Camps vor allem an Schulen richten. Nur so können Kinder und Jugendliche jeden Alters und jeder Herkunft erreicht werden.[11] Diese Ansicht stimmt mit den Aussagen von Güncem Campagna, Franziska Schmid und Diana Knodel in den nachfolgend erwähnten Artikeln überein. Diese Fachleute sind übereinstimmend der Meinung, dass

---

7 Jakob Schulz, „Digital ist jetzt – legen wir endlich los!," zuletzt geändert am 06.12.2017, http://www.codingkids.de/anfangen/essay-jakob-schulz-digital-ist-jetzt.
8 „Das App Camps Team," zuletzt geprüft am 19.01.2018, https://appcamps.de/team/.
9 „Das sind wir," zuletzt geprüft am 19.01.2018, https://www.codingschule.de/ueber-uns.
10 „Über uns," zuletzt geändert am 19.01.2018, http://junge-tueftler.de/ueber-uns-team/.
11 Jakob Schulz, „Digital ist jetzt – legen wir endlich los!," zuletzt geändert am 06.12.2017, http://www.codingkids.de/anfangen/essay-jakob-schulz-digital-ist-jetzt.

gerade in Schulen alle Kinder und Jugendlichen erreicht werden und übereinstimmend flächendeckend Medienkompetenzen vermittelt werden können.

Die erwähnten Personen sind sich darin einig, dass die Digitalisierung im allgemeinen Alltag und in der Berufswelt Einzug gefunden hat. Güncem Campagna berichtet, dass in nahezu jedem Beruf in irgendeiner Form Technik bedient werden muss. Wichtig ist, dass man rechtzeitig lernt, wie man mit den neuen Medien und der technischen Entwicklung umgeht und arbeitet. Medienkompetenzen werden laut Campagna immer wichtiger. Man müsse Kinder und Jugendliche dabei unterstützen, diese Kompetenzen zu entwickeln und auszubauen. Gerade bei Mädchen sei es wichtig, das Interesse an neuen, digitalen Medien frühzeitig zu fördern.[12] Damit vertritt sie die gleiche Auffassung wie Diana Knodel. Sie hat beobachtet, dass an Programmierveranstaltungen, die außerhalb der Schule stattfinden, nur selten Mädchen teilnehmen. Aus diesem Grund stimmt sie auch mit ihrem Mitgründer überein, dass gerade in der Schule Codingveranstaltungen wichtig sind, da dort alle Kinder und Jugendliche die Chance bekommen sich in dem Bereich Programmieren auszuprobieren. Nur so könnten die Kinder und Jugendlichen erkennen, ob dieses Thema etwas für ihre berufliche Zukunft sein könnte oder nicht.[13] Gerade der Arbeitsmarkt verändert sich auf Grund der Digitalisierung laut Güncem Campagna immer mehr. Darauf sollte die nächste Generation vorbereitet werden.[14]

Neben dem beruflichen Kontext werden in der Fachliteratur zahlreiche weitere Argumente angeführt, warum Kinder und Jugendliche Programmierfähigkeiten erlernen sollten. In ihrem Artikel betont Franziska Schmid, dass es weniger um das Coden an sich geht, sondern vielmehr um die digitale Teilhabe an sich. Ihrer Meinung nach sollten Kinder, Jugendliche und Erwachsene, um die zukünftige digitale Gesellschaft zu verstehen, Programmierkompetenzen entwickeln. Sie

---

12 Güncem Campagna, „Digitale Bildung gehört in die Schulen!," zuletzt geändert am 10.03.2017, http://www.codingkids.de/meinung/guencem-campagna-digitale-bildung-in-die-schulen.
13 Diana Knodel, „Warum die Schule der richtige Ort ist, um Programmieren zu lernen – besonders für Mädchen," zuletzt geändert am 15.02.2016,
https://editionf.com/programmieren-maedchen-schule-app-camps.
14 Güncem Campagna, „Digitale Bildung gehört in die Schulen!," zuletzt geändert am 10.03.2017, http://www.codingkids.de/meinung/guencem-campagna-digitale-bildung-in-die-schulen.

sollten Teil dieser Welt werden und nicht nur bloße Konsumenten.[15] Laut Philipp Knodel erhöhen sich durch Programmierfähigkeiten die Zukunftschancen, sie unterstützen analytisches Denken und fördern Problemlösefähigkeit.[16] Gegenstimmen, wie beispielsweise Hirnforscher Manfred Spitzer, vertreten die Meinung, dass Kinder und Jugendliche durch erhöhten Einfluss von digitalen Medien einen geringeren Intelligenzquotienten erreichen als andere mit einem geringeren Medienkonsum. Es beeinträchtigt, seiner Ansicht nach, die Gehirnentwicklung und fördere die Gewaltbereitschaft von Kindern und Jugendlichen. Durch den Medienkonsum sinke die Aufnahmebereitschaft und -fähigkeit für Informationen in der Schule.[17] Der Kunstpädagoge Ralf Lankau hat eine ähnlich negative Auflassung zu dem Thema. Er ist der Ansicht, dass Programmieren nichts mit Kreativität zu tun habe, sondern dabei nur vorgesehene Tätigkeiten verrichtet werden, um vorgefertigte Aufgaben zu erfüllen. Das habe nichts mit dem für Kinder wichtigen experimentellen und ergebnisoffenen Spielen zu tun.[18]

Die BLIKK-Studie (Bewältigung, Lernverhalten, Intelligenz, Kompetenz, Kommunikation – Kinder und Jugendliche im Umgang mit elektronischen Medien) von 2017 warnt ebenfalls vor gesundheitlichen Schädigungen durch gesteigerten Medienkonsum bei Kindern. Als Nachweis dafür werden Sprachentwicklungsstörungen und Konzentrationsstörungen genannt. Die Studienleiter Prof. Dr. Rainer Riedel und Dr. med. Uwe Büsching betonen dennoch, dass Kindern und Jugendlichen ein verantwortungsbewusster Umgang mit digita-

---

15 Franziska Schmid, „Programmieren in der Schule – ohne Wenn und Aber," zuletzt geändert am 02.11.2017, http://www.codingkids.de/meinung/programmieren-in-der-schule-franziska-schmid-junge-t%C3%BCftler.
16 Philipp Knodel, „Programmieren lernen. Die besten Produkte für Kinder und Jugendliche," zuletzt geändert am 04.07.2016,
https://editionf.com/Programmieren-lernen-Tolle-Produkte-fuer-Kinder-und-Jugendliche.
17 Manfred Spitzer, „Kinder lernen besser ohne Computer," zuletzt geändert am 22.06.2007, http://www.tagesspiegel.de/weltspiegel/hirnforscher-manfred-spitzer-kinder-lernen-besser-ohne-computer/965756.html.
18 Ralf Lankau, „Kinder sollten lange ohne Display aufwachsen," zuletzt geändert am 20.04.2017, http://www.codingkids.de/anfangen/ralf-lankau-bildschirmfrei-aufwachsen-desto-besser.

len Medien beigebracht werden muss. Die Digitalisierung bietet Chancen, die gefördert und Risiken, die vermieden werden sollten.[19]

Philipp Knodel stimmt diesem Argument in einem Artikel zu. Seiner Meinung nach müssen Kinder und Jugendliche über die Gefahren der Digitalisierung aufgeklärt werden, damit sie einen verantwortungsbewussten Umgang mit digitalen Medien erlernen können.[20] Er ist der Ansicht, dass man Kinder auf die digitale Zukunft vorbereiten sollte, damit sie diese konstruktiv und kritisch gestalten können.

Auf die Frage, warum Kinder Programmieren lernen sollten, antwortet Diana Knodel in einem Interview, dass Coding in der immer digitaler werdenden Welt zur modernen Allgemeinbildung gehört. Es geht darum, die Digitalisierung, die den allgemeinen Alltag beeinflusst, besser zu verstehen und sich dazu ein Grundverständnis anzueignen.[21]

1.4 Coding in Bibliotheken

Im letzten Kapitel wurden zahlreiche Meinungen von Fachleuten außerschulischer Einrichtungen dargestellt, die Kindern und Jugendlichen das Thema Coding in der Praxis zu vermitteln. Viele sind überzeugt, dass das ein Thema ist, welches in der Schule vermittelt werden sollte. Bibliotheken sollten bei diesem Thema trotzdem nicht außer Acht gelassen werden. Ronald Gohr, Kinder- und Jugendbibliothekar der Bibliothek A und Jochen Dudeck, Leiter der Stadtbücherei Nordenham, schrieben in einem Artikel der Zeitschrift *BuB, Forum Bibliothek und Information,* dass die Kinderbibliothek in Zukunft ein Ort der Kreativität, der Inspiration und der Begegnung ist. Sie geht auf die aktuelle Medienentwicklung und Lebenswelt der Kinder ein und bietet bzw. vermittelt

---

19 Bundesministerium für Gesundheit, „Ergebnisse der BLIKK Studie 2017 vorgestellt," zuletzt geändert am 29.05.2017, https://www.drogenbeauftragte.de/presse/pressekontakt-und-mitteilungen/2017/2017-2-quartal/ergebnisse-der-blikk-studie-2017-vorgestellt.html.

20 Philipp Knodel, „Die digitale Welt erklären statt nur warnen," zuletzt geändert am 23.05.2017, http://www.codingkids.de/meinung/die-digitale-welt-erklaeren-statt-nur-zu-warnen.

21 Lisa Seelig, „Flaschendrehen als App. Was Schülern beim Programmieren alles einfällt," zuletzt geändert am 07.05.2015, https://editionf.com/diana-knodel-app-camps.

ihnen entsprechende Angebote.[22] Auf Grund der, wie bereits oben erwähnt, Digitalisierung aller Lebensräume gehört Coding heutzutage und vor allem in Zukunft zu dieser Medienentwicklung und Lebenswirklichkeit.

Öffentliche Bibliotheken, deren Angebot von gesellschaftlichen Veränderungen geprägt wird, passen sich den digitalen Veränderungen der Allgemeinheit an. Gesellschaftliche Teilhabe definiert sich über den Umgang mit Technologien. Bibliotheken in der Rolle der Informationsvermittler stehen in der Verantwortung, die digitale Chancengerechtigkeit zu fördern. Das fängt bei der Förderung von Kindern und Jugendlichen, die die zukünftige Generation bilden, an. Anhand der Makerspacebewegung sieht man deutlich, dass die Nutzer anstatt Informationen nur zu konsumieren, selbst aktiv werden möchten.[23] Makerspaces sind Räume, die z. B. in Bibliotheken geschaffen werden, um neue Technologien oder Werkzeuge auszuprobieren und sich experimentell Wissen anzueignen. Unter kundiger Anleitung werden neue Fertigkeiten durch kreatives Ausprobieren erlernt und ausgebaut.[24]

In der Stadtbibliothek Köln werden bereits seit 2013 Veranstaltungen in Form eines Makerspaces durchgeführt. Dazu gehören auch Codingveranstaltungen mit Kindern und Jugendlichen. Mit Robotern werden die Teilnehmer spielerisch an das Thema herangeführt und dabei ihr analytisches sowie logisches Denken gefördert. Der Bibliothek geht es dabei darum, den Bibliotheksbesuchern die Gelegenheit zu bieten, im nichtkommerziellen Raum neue Technologien kennenzulernen und auszuprobieren. So wird ihnen die Möglichkeit geboten, sich selbst ein Bild über digitale Veränderungen machen zu können.[25]

---

22 Ronald Gohr, Jochen Dudeck, „Die Kinder- und Jugendbibliotheken in der Zukunft," BuB Forum Bibliothek und Information 66, Nr. 7-8 (2014): 526, zuletzt geprüft am 07.01.2018, http://www.b-u-b.de/pdfarchiv/Heft-BuB_07_2014.pdf#page=1&view=fit&toolbar=0&pagemode=bookmarks.

23 Hannelore Vogt, Bettina Scheurer, Hans-Bodo Pohla, „Orte für Kreativität und Wissenstransfer. Bibliotheken als Makerspaces," BuB Forum Bibliothek und Information 69, Nr. 1 (2017): 20, zuletzt geprüft am 07.01.2018, http://b-u-b.de/wp-content/uploads/2017-01.pdf.

24 Cordula Nötzelmann, „Makerspaces. Eine Bewegung erreicht Bibliotheken," Bibliotheksdienst 47, Nr. 11 (2013): 874, https://dx.doi.org/10.1515/bd-2013-0099.

25 Hannelore Vogt, Bettina Scheurer, Hans-Bodo Pohla, „Orte für Kreativität und Wissenstransfer. Bibliotheken als Makerspaces," BuB Forum Bibliothek und Information 69, Nr. 1 (2017): 20, zuletzt geprüft am 07.01.2018, http://b-u-b.de/wp-content/uploads/2017-01.pdf.

Die Stadtbibliothek München führt ebenfalls Codingveranstaltungen mit Kindern und Jugendlichen durch. Mithilfe von ehrenamtlichen Studenten werden dort Kindern spielerisch Programmiersprachen vermittelt und kleine Codingprojekte bearbeitet.[26]

---

26 Maiken Hagemeister, „Heldengeschichten aus Bibliotheken. Computer verstehen lernen," BuB Forum Bibliothek und Information 68, Nr. 10 (2016): 596, zuletzt geprüft am 07.01.2018, http://b-u-b.de/wp-content/uploads/2016-10.pdf.

Teil 2: Codingveranstaltungen Öffentlicher Bibliotheken in Deutschland

2.1 Methodische Vorgehensweise

2.1.2 Leitfadenorientiertes Experteninterview

Zur Beantwortung der Frage, wie Öffentliche Bibliotheken in Deutschland Codingveranstaltungen durchführen, hat sich die Autorin im Vorfeld für die Methode des leitfadenorientierten Experteninterviews entschieden. Die Interviews haben an Öffentlichen Bibliotheken in Deutschland, die bereits Codingveranstaltungen mit Kindern und Jugendlichen durchführen, stattgefunden. Um zu garantieren, dass hinreichend Erfahrungen vorhanden sind, wurde die Arbeit auf Bibliotheken beschränkt, die diese Art von Veranstaltung länger als ein Jahr und seit Themeneinführung bereits mehrmals durchgeführt haben.

Die Experteninterviews wurden mithilfe eines im Wesentlichen gleichen teilstandardisierten Leitfadens durchgeführt. Teilstandardisiert bedeutet in diesem Fall, dass die Fragen offen formuliert sind. Dadurch wird ermöglicht, dass der Experte frei zu Wort kommen kann und trotzdem die Forschungsfrage im Vordergrund steht.[27] Die Fragen werden dabei nicht chronologisch abgearbeitet. Vielmehr dienen sie der Orientierung, damit wichtige Aspekte nicht vergessen werden und das Thema im Mittelpunkt steht.[28] Bei dem Interview können sich dadurch neue Fragestellungen ergeben, die in den Vorüberlegungen nicht berücksichtigt wurden und dann ergänzt werden können.

---

27 Philipp Mayring, Einführung in die qualitative Sozialforschung: eine Anleitung zu qualitativem Denken, 6. Auflage (Weinheim: Beltz, 2016), 66-70.
28 Michael Meuser und Ulrike Nagel, „ExpertInneninterviews – vielfach erprobt, wenig bedacht. Ein Beitrag zur qualitativen Methodendiskussion," in Qualitativ-empirische Sozialforschung, hrsg. Detlef Garz und Klaus Kraimer (Opladen: Westdeutscher Verlag, 1991), 449.

Der Leitfadenkatalog (Kapitel 2.2.1) ermöglicht zudem eine Vergleichbarkeit der Interviews. Die sich daraus ergebenen Daten erhalten eine Struktur und sind übersichtlicher zu analysieren.[29]

2.1.2 Forschungsgegenstand

Wie im Kapitel 1.4 dieser Arbeit dargestellt, führen die Stadtbibliothek Köln und die Stadtbibliothek München bereits Codingveranstaltungen mit Kindern und Jugendlichen durch. In den Bücherhallen Hamburg sowie der Stadt- und Landesbibliothek Potsdam wurden bereits vergleichbare Veranstaltungen angeboten.

Zur Ermittlung, welche weiteren Bibliotheken in Deutschland Codingveranstaltungen mit Kindern und Jugendlichen durchführen, wurde eine Anfrage gesendet. Diese war gerichtet an: die Mailingliste ForumÖB und die Facebookgruppen „FaMI – Fachangestellte für Medien, Informationsdienste", „games4culture – Gaming in Bibliotheken, Museen und Archiven" sowie „Biblioadmin". Die aufgeführten Medien haben im Bereich der Öffentlichen Bibliotheken eine sehr große Reichweite.

Die Anfrage ergab, dass die Stadtbibliothek Mannheim, die Stadtbücherei Ibbenbüren und die Stadtbibliothek Düsseldorf ebenfalls Codingveranstaltungen durchführen. Insgesamt wurden sieben Bibliotheken kontaktiert. Auf Basis der Rückmeldungen wurden fünf Interviews durchgeführt.[30]

Im Nachfolgenden werden die einzelnen Einrichtungen vorgestellt und ihre bisherigen Tätigkeiten im Bereich Codingveranstaltungen mit Kindern- und Jugendlichen kurz dargestellt. Um eine bessere Vergleichbarkeit zu ermöglichen, werden ausgewählte Kennzahlen der jeweiligen Bibliothek aus dem Jahr 2016 in Form einer Tabelle dargestellt. Die Daten sind den Angaben der Deut-

---

29 Horst O. Mayer, Interview und schriftliche Befragung: Entwicklung, Durchführung und Auswertung, 4., überarbeitete und erweiterte Auflage (München: Oldenbourg, 2008), 37.
30 Die Informationen zu den Bibliotheken und den Expertinnen wurden für die Veröffentlichung der Arbeit anonymisiert.

schen Bibliotheksstatistik (DBS) entnommen worden.[31] Es wurden sowohl allgemeine als auch für das Thema Coding relevante Felder ausgesucht:

- Einwohnerzahl des Bibliotheksortes
- Zahl der Bibliotheken (Standorte)
- Aktive Benutzer
- Besuche
- Medien insgesamt – physischer Bestand
- Medien insgesamt – Entleihungen
- Finanzmittel des Trägers
- Fremdmittel insgesamt
- Eigene Einnahmen
- Stellen laut Stellenplan
- Zahl der Beschäftigten (Personen)
- Veranstaltungen, Führungen, Ausstellungen (insgesamt)
- Veranstaltungen, Führungen, Ausstellungen für Kinder und Jugendliche

---

31 Vgl. Deutsche Bibliotheksstatistik (2018): Variable Auswertung. Parameter: „Deutschland", „Öffentliche Bibliotheken", „2016", Zugriff am 20.01.2018.

Anhand der Vergleichsgruppen des Bibliotheksindexes für Öffentliche Bibliotheken (BIX-ÖB) erfolgt anschließend eine Eingruppierung der untersuchten Bibliotheken. Diese beinhalten fünf Gruppen, die je nach Einwohnerzahl der Trägerkommune zugeordnet werden (siehe Abb. 1).[32]

Die Vergleichsgruppen im BIX-ÖB

	Kategorie	Zahl der Bibliotheken in dieser Kategorie in Deutschland (=Vergleichsrahmen für den BIX)
Gruppe 1	Bibliotheken in Städten bis 15.000 Einwohner	ca. 1.000 Bibliotheken
Gruppe 2	Bibliotheken in Städten zwischen 15.000 und 30.000 Einwohnern	ca. 480 Bibliotheken
Gruppe 3	Bibliotheken in Städten zwischen 30.000 und 50.000 Einwohnern	ca. 200 Bibliotheken
Gruppe 4	Bibliotheken in Städten zwischen 50.000 und 100.000 Einwohnern	ca. 100 Bibliotheken
Gruppe 5	Bibliotheken in Städten mit mehr als 100.000 Einwohnern	ca. 90 Bibliotheken

Abbildung 1: Vergleichsgruppen im BIX-ÖB

---

32 „Die Vergleichsgruppen („BIX-Kategorien") für Öffentliche Bibliotheken," zuletzt geprüft am 20.12.2017, http://www.bix-bibliotheksindex.de/projektinfos/vergleichsgruppen/oeffentliche-bibliotheken.html.

2.1.3 Vorstellung der interviewten Bibliotheken

2.1.3.1 Bibliothek A

Die Bibliothek hat eine regelmäßige Veranstaltungsreihe mit dem Schwerpunkt der Vermittlung von Medienkompetenzen jeder Art. Sie findet seit dem Jahr 2016 für Kinder von 8 bis 12 Jahren alle 14 Tage in der Bibliothek statt. Seit Beginn der Veranstaltungsreihe ist Programmieren eines der angebotenen Themen. Ein besonderes Augenmerk wird dabei auf möglichst kostenlose Programme gesetzt, damit die Teilnehmer zu Hause weiter damit arbeiten können. Darüber hinaus ist an allen öffentlichen Computern des Jugendbereichs der Bibliothek das Programmierspiel Kodu installiert. Damit lassen sich Computerspiele mithilfe von Bausteinen auf einer Programmieroberfläche entwickeln.

Der unten aufgeführten Tabelle lässt sich entnehmen, dass in der Stadt im Jahr 2016 insgesamt 171.557 Einwohner verzeichnet wurden. Die Bibliothek A kann somit der BIX-ÖB-Gruppe 5 zugeordnet werden. Auf Grund ihres Einzugsbereiches gehört sie zu den großen Bibliothekssystemen.

Kategorie der DBS	Kennzahlen der Bibliothek A[33]
Einwohnerzahl des Bibliotheksortes	171.557
Zahl der Bibliotheken (Standorte)	3
Aktive Benutzer	18.456
Besuche	371.300
Medien insgesamt – physischer Bestand	579.906
Medien insgesamt – Entleihungen	1.239.969
Finanzmittel des Trägers	2.792.588 €
Fremdmittel insgesamt	580.873 €
Eigene Einnahmen	284.388 €
Stellen laut Stellenplan	45
Zahl der Beschäftigten (Personen)	47
Veranstaltungen, Führungen, Ausstellungen (insgesamt)	712
Veranstaltungen, Führungen, Ausstellungen für Kinder und Jugendliche	326

---

33 vgl. Deutsche Bibliotheksstatistik (2018): Variable Auswertung. Parameter: „Deutschland", „Öffentliche Bibliotheken", „2016", Zugriff am 20.01.2018.

2.1.3.2 Bibliothek B

Im Fokus der Bibliothek steht die Vermittlung von Medien und Informationen an die Einwohner ihrer Stadt. Dabei steht das Thema Leseförderung im Zentrum. Es umfasst im Konzept des lebenslangen Lernens jede Altersgruppe und wird auch mit neuen, digitalen Medien umgesetzt.

Im Jahr 2016 wurde in der Bibliothek ein Makerspace eingerichtet. Das Angebot dazu orientierte sich dabei an den zwei medienpädagogischen Aktionen des Bundeslandes. Bei beiden steht der Umgang mit neuen Medien im Vordergrund. Davon inspiriert, wurde das Thema Programmieren in das Angebot der Bibliothek aufgenommen. Dazu fanden Veranstaltungen mit Schulklassen statt. Mittlerweile verleiht die Bibliothek passend zu den angebotenen Veranstaltungen entsprechende Geräte.

Aus der nachfolgenden Tabelle ist ersichtlich, dass die Stadt im Jahr 2016 53.458 Einwohner verzeichnet hat. Somit kann die Bibliothek B der BIX-ÖB-Gruppe 4 zugeordnet werden. Die Bibliothek gehört zu den eher größeren Einrichtungen.

Kategorie der DBS	Kennzahlen der Bibliothek B[34]
Einwohnerzahl des Bibliotheksortes	53.458
Zahl der Bibliotheken (Standorte)	1
Aktive Benutzer	5.285
Besuche	89.179
Medien insgesamt – physischer Bestand	47.347
Medien insgesamt – Entleihungen	232.990
Finanzmittel des Trägers	372.940 €
Fremdmittel insgesamt	35.250 €
Eigene Einnahmen	65.199 €
Stellen laut Stellenplan	6,66
Zahl der Beschäftigten (Personen)	8
Veranstaltungen, Führungen, Ausstellungen (insgesamt)	196
Veranstaltungen, Führungen, Ausstellungen für Kinder und Jugendliche	122

---

34 vgl. Deutsche Bibliotheksstatistik (2018): Variable Auswertung. Parameter: „Deutschland", „Öffentliche Bibliotheken", „2016", Zugriff am 20.01.2018.

2.1.3.3 Bibliothek C

Die Bibliothek legt ihren Schwerpunkt auf den Bereich außerschulische Bildung von Kindern und Jugendlichen. Hauptaugenmerk ist die Sprach- und Leseförderung. Darüber hinaus wird viel Wert auf die Vermittlung von Informationen an die Bürger gelegt.

Im Jahr 2014 wurde im Rahmen von Überlegungen zum Thema Bibliothek der Zukunft von der bibliothekspädagogischen Abteilung ein eigener Veranstaltungsraum eingerichtet. In diesem Raum finden zahlreiche Veranstaltungen zur kreativen Medienarbeit mit Kindern und Jugendlichen statt. Hintergrund dessen war die Idee, dass eine Möglichkeit geschaffen werden sollte, alle Medien, die man in der Bibliothek ausleihen kann, einmal selbst zu produzieren. So sind die Mitarbeiter auf Programmierangebote gestoßen, mit denen man eigene Computerspiele entwerfen kann.

Aktuell wird bei den Codingveranstaltungen ein Schwerpunkt auf das Programmieren von Robotern gelegt, da damit Ergebnisse des Programmiervorgangs schneller sichtbar werden und die Kinder die Geräte haptisch erfahren. Auf dieser Grundlage finden zahlreiche Veranstaltungen zu verschiedenen Themen mit Schulklassen und Kindern außerhalb des schulischen Kontextes in dem Bibliothekslabor sowie direkt in den Schulen statt. Coding spielt dabei eine große Rolle.

Die Stadt hatte im Jahr 2016 eine Einwohnerzahl von 305.780. Die Bibliothek C kann somit der BIX-ÖB-Gruppe 5 zugeordnet werden. Die Einrichtung ist den großen Bibliotheken zuzuordnen.

Kategorie der DBS	Kennzahlen der Bibliothek C[35]
Einwohnerzahl des Bibliotheksortes	305.780
Zahl der Bibliotheken (Standorte)	15
Aktive Benutzer	29.668
Besuche	966.333
Medien insgesamt – physischer Bestand	410.024
Medien insgesamt – Entleihungen	1.185.052
Finanzmittel des Trägers	4.507.028 €

---

35 vgl. Deutsche Bibliotheksstatistik (2018): Variable Auswertung. Parameter: „Deutschland", „Öffentliche Bibliotheken", „2016", Zugriff am 20.01.2018.

Kategorie der DBS	Kennzahlen der Bibliothek C[35]
Fremdmittel insgesamt	32.327 €
Eigene Einnahmen	366.409 €
Stellen laut Stellenplan	66,4
Zahl der Beschäftigten (Personen)	79
Veranstaltungen, Führungen, Ausstellungen (insgesamt)	3.865
Veranstaltungen, Führungen, Ausstellungen für Kinder und Jugendliche	1.305

2.1.3.4 Bibliothek D

Die Bibliothek ist primär für die Medien- und Informationsvermittlung der Einwohner der Stadt zuständig. Durch eine Umstrukturierung der internen Organisationsabteilungen bildete sich ein Fachbereich, in dem alle Veranstaltungen der Bibliothek geplant und organisiert werden sollen. Zur Vorbereitung dafür wurde bereits 2016 eine Medienpädagogin zur Erarbeitung eines medienpädagogischen Angebots in der Bibliothek eingestellt. Dabei war Coding eines der vielen Themen, die in Form von Veranstaltungen realisiert werden sollten. Auf Grund von fehlendem Personal musste die Durchführung dieser Veranstaltungen an externe Kooperationspartner abgegeben werden.

Auf Grund der Einwohnerzahl der Stadt in Höhe von 1.787.408 im Jahr 2016 kann die Bibliothek D in die BIX-ÖB-Gruppe 5 eingeordnet werden. Die Bibliothek gehört auf Grund ihres Einzugsbereiches zu den großen Bibliothekssystemen.

Kategorie der DBS	Kennzahlen der Bibliothek D[36]
Einwohnerzahl des Bibliotheksortes	1.787.408
Zahl der Bibliotheken (Standorte)	36
Aktive Benutzer	182.113
Besuche	4.837.758
Medien insgesamt – physischer Bestand	1.682.024
Medien insgesamt – Entleihungen	13.736.117
Finanzmittel des Trägers	
Fremdmittel insgesamt	
Eigene Einnahmen	4.595.000 €
Stellen laut Stellenplan	356
Zahl der Beschäftigten (Personen)	440
Veranstaltungen, Führungen, Ausstellungen (insgesamt)	10.806
Veranstaltungen, Führungen, Ausstellungen für Kinder und Jugendliche	1.464

2.1.4 Die ExpertInnen

Die für die Interviews ausgewählten InterviewpartnerInnen sind die verantwortlichen bzw. durchführenden Personen der Codingveranstaltungen in den zuvor beschriebenen Bibliotheken. Sie sind die für das Thema verantwortlichen MitarbeiterInnen und somit Teil des Handlungsfeldes. Als ExpertInnen liefern sie ihr individuelles Erfahrungswissen sowie zusätzliches Hintergrundwissen bezüglich der Entwicklung und der Konzepte der Codingveranstaltungen.[37]

Im Nachfolgenden werden die einzelnen Personen kurz vorgestellt und ihre Erfahrungen im Bereich Coding geschildert.

2.1.4.1 Expertin A – Bibliothek A

Expertin A ist Diplombibliothekarin und Medienpädagogin. Sie schloss ihr Studium in Bibliotheks- und Medienmanagement an der HdM (Hochschulen der Medien) Stuttgart ab. Daraufhin erwarb sie eine medienpädagogische Zusatzqualifikation beim Landesfachverband Medienbildung Brandenburg e. V. und absolvierte eine Weiterbildung für Eltern-Medien-Beratung bei der Aktion Kinder und Jugendschutz Brandenburg. Über die Hour of Codes der Website code.org und eine Fortbildung zum Thema digitales Klassenzimmer kam sie auf das Thema Coding. Bei der Hour of Codes werden über Schritt-für-Schritt-Anleitungen kleine Spiele programmiert.[38] Sie arbeitete sich in das Thema ein und erlernte dazu Grundlagen. Aktuell organisiert sie die Veranstaltungsreihe der Bibliothek A und betreut sie gemeinsam mit einem Kollegen.

---

36 vgl. Deutsche Bibliotheksstatistik (2018): Variable Auswertung. Parameter: „Deutschland", „Öffentliche Bibliotheken", „2016", Zugriff am 20.01.2018.

37 Michael Meuser und Ulrike Nagel, „ExpertInneninterviews – vielfach erprobt, wenig bedacht. Ein Beitrag zur qualitativen Methodendiskussion," in Qualitativ-empirische Sozialforschung, hrsg. Detlef Garz und Klaus Kraimer (Opladen: Westdeutscher Verlag, 1991), 443-444.

38 „Programmieren lernen für Kinder. Mit Spaß fit für die Zukunft," zuletzt geprüft am 20.01.2018, https://www-de.scoyo.com/eltern/kinder-und-medien/programmieren-lernen-kinder-fit-fuer-die-zukunft.

2.1.4.2 Expertin B – Bibliothek B

Expertin B ist die Bibliotheksleiterin der Bibliothek B. Vor ihrem Abitur hatte sie im Informatikunterricht bereits erste Berührungen mit den Grundlagen des Programmierens. Bevor das Thema Coding in die Bibliothek aufgenommen wurde, war die Expertin für Klassenführungen verantwortlich. Nach einer Schulung durch das Bundesland, an der alle MitarbeiterInnen der Bibliothek gemeinsam teilgenommen haben, spezialisierten sich einige auf bestimmte Veranstaltungsbereiche. Auf Grund ihrer Vorkenntnisse und der geringen Schwierigkeiten, die sie bei der Einarbeitung in das Thema hatte, übernahm Expertin B die Codingveranstaltungen innerhalb ihrer Bibliothek.

2.1.4.3 Expertin C – Bibliothek C

Expertin C ist die für den Bereich Bibliothekspädagogik der Bibliothek C zuständige Mitarbeiterin. Dieser Bereich beinhaltet alle pädagogischen Angebote der Bibliothek. Bis das Thema Coding eingeführt wurde, hatte sie damit keinerlei Berührungspunkte. Im Rahmen eines Projekts organisierte sie zahlreiche Programmierschulungen mit Kooperationspartnern für sich und ihre MitarbeiterInnen. Darüber hinaus eignete sie sich selbst Grundlagen zu dem Themenbereich an und führte Schulungen durch, um so viele KollegInnen wie möglich für den Themenbereich zu motivieren. Aktuell ist sie gemeinsam mit einer Kollegin aus dem Bereich Bibliothekspädagogik für die Codingveranstaltungen in der Bibliothek verantwortlich und führt diese hauptsächlich durch.

2.1.4.4 Expertin D – Bibliothek D

Expertin D ist Diplompädagogin und arbeitet seit 2016 als Medienpädagogin in der Bibliothek D. Davor war sie als freie Medienpädagogin in Projektarbeiten mit Jugendlichen tätig. Bei dieser Arbeit hat sie sich Grundlagen zum Thema Coding selbst beigebracht. Derzeit ist sie als eine von zwei Medienpädagogen in dem neu gebildeten Fachbereich der Bibliothek tätig. Diese Abteilung betreut alle Veranstaltungen, Workshops und Lesungen, die in der Bibliothek stattfinden. Expertin D ist im Bereich Medienpädagogik beratend tätig, beantwortet Fragen oder vermittelt Kontakte weiter. Darüber hinaus organisiert und plant sie die Codingveranstaltungen, die in der Bibliothek D stattfinden.

2.1.4.5 Expertin E – Bibliothek D

Expertin E ist Werkstudentin bei einem medienpädagogischen Institut und studiert Informatik. Vor ihrem Studium und ihrer Arbeit hat sie bereits an den von diesem Institut initiierten Veranstaltungen teilgenommen und als Coach gearbeitet. Darüber hinaus ist sie durch den Einfluss ihrer Mutter zum Thema Coding gekommen. Ein Schülerpraktikum in der Programmiererabteilung eines IT-Dienstleisters gab den Ausschlag für das spätere Studium. Allein oder gemeinsam mit anderen WerkstudentInnen des Instituts veranstaltet sie zahlreiche Workshops zum Thema Coding unter anderem auch in der Bibliothek D.

2.2 Durchführung

2.2.1 Leitfadenkatalog

Um zu ermitteln, wie Codingveranstaltungen in den ausgewählten Bibliotheken vonstattengehen, wurde vor der Durchführung der Interviews ein Leitfadenkatalog mit offenen Fragen entwickelt. Die Fragen sind nach den in der Forschungsfrage genannten Bereichen Entwicklung, Konzept und Durchführung sortiert, um eine bessere Übersicht zu ermöglichen. Im Laufe des jeweiligen Interviews konnten die Fragen durch ihre Offenheit dem Gesprächsverlauf individuell angepasst werden. Einzelne thematische Vertiefungsmöglichkeiten sind als Stichpunkte oder Unterfragen eingerückt dargestellt.

Entwicklung

Wie sind Sie persönlich zum Thema Coding gekommen?

Wie entwickelte sich das Thema Coding in der Bibliothek?

Welche Änderungen mussten innerhalb der Bibliothek vorgenommen werden?
- Raumplanung
- Bestand

Konzept

Was machen Sie alles mit Coding in der Bibliothek?

- Durchführung der Veranstaltungen
- Wie lange dauern die Veranstaltungen?
- Durchführung durch Externe? Wenn ja, wieso bzw. wieso nicht?
- Durchführung durch Interne? Wenn ja, wieso bzw. wieso nicht?
- Regelmäßig? Nicht regelmäßig?
- Finanzierung
- Geplante Zielgruppe
- Herausforderungen
- Verwendete Programme bzw. Geräte

Wie sieht das Konzept genau aus?

- Bestandteile des Konzeptes

Erfahrungen

Von wem wird das Angebot in der Praxis genutzt?

- Wie viele Personen nehmen im Durchschnitt an den Veranstaltungen teil?

Wie ist die Resonanz der Veranstaltungen?

- Bei der geplanten Zielgruppe/Teilnehmern/Eltern/Lehrer/Bibliothekspersonal
- Wird die Veranstaltung evaluiert? – wenn ja, wie genau, was sind die Ergebnisse?

Gab es Probleme? Wie genau sahen die aus?

- Mit Programm/Teilnehmern/durchführenden Personen/Mitarbeitern

Würden Sie aus heutiger Sicht etwas anders machen?

2.2.2 Interviewbeschreibung

Die Expertinnen wurden vorab über das Thema der Bachelorarbeit und die Themenkomplexe (Entwicklung, Konzept, Erfahrungen) des Leitfadens informiert. Alle erhielten per E-Mail eine Einverständniserklärung, die als ausgedruckte Version am Tag des Interviews von der Autorin zur Unterzeichnung mitgebracht wurde. Mit ihrer Unterschrift stimmen die Experten zu, dass die aus den Interviews generierten Informationen transkribiert und in dieser Arbeit verwendet werden dürfen. Dafür wurden alle Interviews mithilfe eines Diktiergerätes aufgenommen.

Ein Pre-Test des Leitfadenkataloges erfolgte am 29.11.2017 mit der zukünftigen Leiterin der Kurt-Tucholsky-Bibliothek Lia Maczey. Das Interview fand im Veranstaltungsraum der Heinrich-Böll-Bibliothek, der Bezirkszentralbibliothek des Berliner Bezirks Pankow, statt. Das Interview dauerte 20 Minuten. Da die Bibliothek erst im Jahr 2018 Codingveranstaltungen durchführen wird, findet dieses Interview im weiteren Verlauf der Arbeit keine Berücksichtigung und diente lediglich als Test.

Die Fragen des Leitfadenkatalogs wurden in allen Interviews umfangreich beantwortet. Alle Expertinnen boten an, eventuell nachträglich aufkommende Fragen per E-Mail zu beantworten.

Das erste Interview fand am 30.11.2017 mit Expertin A in ihrem Büro der Bibliothek A statt und dauerte 25:54 Minuten.

Am 11.12.2017 fand das Interview mit Expertin B statt. Aus zeitlichen Gründen musste das Interview über Skype geführt werden. Es umfasste 17:15 Minuten.

Das Interview mit Expertin C fand am 12.12.2017 statt. Auf Grund von gesundheitlichen Problemen der Expertin interviewte die Autorin sie in Ihrem privaten Zuhause. Es dauerte 1:24:14 Stunde. Im Anschluss erfolgte die Teilnahme der Autorin an einer Codingveranstaltung mit einer Schulklasse in der Bibliothek C. Die Veranstaltung leitete eine Mitarbeiterin der Bibliothek. Kindern der dritten und vierten Klasse einer Grundschule wurden mithilfe von Bee Bots und Cubettos erste Grundlagen zum Thema Programmieren vermittelt. Diese Roboter werden komplett ohne Programmieroberfläche, nur mithilfe von Pfeiltasten gesteuert. Die Teilnahme an der Veranstaltung ermöglichte der Autorin eine bessere Interpretation der Informationen aus dem Interview mit Expertin C.

Die zwei letzten Interviews fanden am 22.12.2017 in den Räumen der Bibliothek D statt. Das Interview mit Expertin D dauerte 1:03:38 Stunde. Das Interview mit Expertin E dauerte 32:01 Minuten. Da Expertin D vorwiegend mit der Planung und der Organisation der Codingveranstaltungen in der Bibliothek verantwortlich ist, wurden bei ihrem Interview alle Fragen zum Thema Entwicklung und Konzept beantwortet. Den Themenbereich Erfahrungen deckte Expertin E ab, die die Veranstaltungen durchgeführt hat.

2.3 Auswertung

Anschließend erfolgten die Transkription der Interviews und eine qualitative Inhaltsanalyse nach Meuser und Nagel (siehe Kapitel 2.3.2). Um die Qualität der Forschungsergebnisse sicherzustellen, wurden die allgemeinen Gütekriterien nach Mayring eingehalten und dargestellt. Eine genaue Beschreibung dieser Bereiche befindet sich im Kapitel 2.5.

2.3.1 Transkriptionsregeln

Die aufgenommenen Interviews wurden transkribiert und anonymisiert. Die Transkriptionsregeln orientierten sich teilweise an dem gesprächsanalytischen Transkriptionssystem.[39]

Der Transkriptionskopf enthält die Bezeichnung des Interviews, den Aufnahmetag und -ort sowie die Dauer der Aufnahme. Auf Grund der Anonymisierung wurde auf die Namen der Interviewteilnehmerinnen verzichtet. Auf die Charakterisierung der Situation, der Teilnehmerinnen oder des Gesprächsverlaufs wurde ebenfalls verzichtet.

Die Interviews sind nicht vollständig transkribiert, sondern auf die für die Arbeit relevanten Passagen gekürzt. Nicht verständliche Passagen wurden mit [...] ersetzt. Auf Grund der Anonymisierung fanden für alle Interviews bei der

---

39 Margret Selting u. a., „Gesprächsanalytisches Transkriptionssystem (GAT)," Linguistische Berichte 173 (1998): 91-122, zuletzt geprüft am 03.12.2017, http://www.germanistik.uni-hannover.de/fileadmin/deutsches_seminar/publikationen/gat.pdf.

Personenbezeichnung die Kürzel E für Experte und I für Interviewer Verwendung. Auslassungen von Städte-, Bibliotheks- oder Orts- bzw. Bundeslandbezeichnungen oder Personennamen wurden im Sinne der Anonymisierung mit [/] ersetzt. Nichtverbale Äußerungen, Intonation und Dialekte fanden keine Beachtung.

Aufgrund der leichteren Bearbeitung wird in den Transkriptionen auf die gegenderten Formen verzichtet und die männliche Schreibweise verwendet. Es werden dennoch alle Geschlechter angesprochen. Im Bericht des Kapitels 2.4 wird die gegenderte Form der Ergebnisse wieder dargestellt.

Begriffe, die noch nicht im Hauptteil oder den Auswertungstabellen der Arbeit definiert wurden und im Transkript vorkommen, werden in einem Verweis kurz erläutert. Aus Gründen der Wahrung von Persönlichkeitsrechten und Datenschutzbestimmungen sind die Transkriptionen der Interviews der Veröffentlichung nicht beigefügt.

2.3.2 Qualitative Inhaltsanalyse nach Meuser und Nagel

Diese Analysemethode dient dazu, die Gemeinsamkeiten und Unterschiede der verschiedenen Interviews zu ermitteln.[40] Ziel ist es, ein Kategoriensystem zu entwickeln und das Material zu reduzieren. Durch schrittweises Vorgehen können die wesentlichen Inhalte der Interviews ermittelt und zusammengetragen werden.

Die einzelnen Schritte der Analyse sind:

1. Paraphrasieren

    Innerhalb eines Interviews wird der Inhalt der einzelnen Abschnitte des Interviews wiedergegeben. Passagen, die nicht zum Inhalt der Forschung passen, können entfernt werden.

2. Überschriften

    Die einzelnen Paraphrasen bekommen eine Überschrift, die beschreibt,

---

40 Michael Meuser und Ulrike Nagel, „ExpertInneninterviews – vielfach erprobt, wenig bedacht. Ein Beitrag zur qualitativen Methodendiskussion," in Qualitativ-empirische Sozialforschung, hrsg. Detlef Garz und Klaus Kraimer (Opladen: Westdeutscher Verlag, 1991), 452.

welches Thema jeweils behandelt wird. Paraphrasen, die das gleiche Thema beinhalten können unter eine Überschrift gestellt werden.

3. Thematischer Vergleich

    Paraphrasen aller Interviews, die sich mit dem gleichen Thema befassen, bekommen eine vereinheitlichte Überschrift. Doppelungen können dabei entfernt werden.[41]

4. Soziologische Konzeptualisierung

    Die Paraphrasen werden nun in eine wissenschaftliche Form gebracht und sprachlich der Arbeit angepasst.

5. Theoretische Generalisierung

    Die Ergebnisse werden geordnet im Zusammenhang mit den zuvor erarbeiteten Theorien aus der Fachliteratur verknüpft.[42]

6. Bericht

    Die zuvor gebildeten Überschriften bilden ein Kategoriensystem, dass anhand der ursprünglichen Forschungsfragen in einem Ergebnisbericht dargestellt wird.[43]

Aus Gründen der Wahrung von Persönlichkeitsrechten und Datenschutzbestimmungen sind die zur Analyse erstellten Tabellen der Veröffentlichung nicht beigefügt. Es folgt eine Beschreibung des Tabellenaufbaus, um die Arbeitsweise der Autorin darzustellen.

Um die Zusammenfassung aller Paraphrasen und die anschließende ausformulierte Darstellung im Ergebnisbericht zu vereinfachen, wurden sie in allen Tabellen in stichpunktartiger Form aufgeführt. Für eine leichtere Bearbeitung wird in allen Tabellen wie in den Transkripten auf die gegenderten Formen verzichtet und sich auf die männliche Schreibweise beschränkt. Es werden

---

[41] Michael Meuser und Ulrike Nagel, „ExpertInneninterviews – vielfach erprobt, wenig bedacht. Ein Beitrag zur qualitativen Methodendiskussion," in Qualitativ-empirische Sozialforschung, hrsg. Detlef Garz und Klaus Kraimer (Opladen: Westdeutscher Verlag, 1991), 456-462.

[42] Horst O. Mayer, Interview und schriftliche Befragung: Entwicklung, Durchführung und Auswertung, 4., überarbeitete und erweiterte Auflage (München: Oldenbourg, 2008), 54-55.

[43] Horst O. Mayer, Interview und schriftliche Befragung: Entwicklung, Durchführung und Auswertung, 4., überarbeitete und erweiterte Auflage (München: Oldenbourg, 2008), 50.

dennoch alle Geschlechter angesprochen. Begriffe, die noch nicht im Hauptteil der Arbeit definiert wurden, werden in einem Verweis kurz erläutert.

Zu Beginn wurde für jedes Interview eine Tabelle erarbeitet, in der die Paraphrasen der Interviews aufgeführt sind. In der ersten Spalte der Tabellen sind die jeweiligen Zeilenangaben des Transkriptes, aus dem die einzelne Paraphrase generiert wurde, dargestellt. Nach dieser Reihenfolge erfolgte die in der zweiten Spalte aufgeführte Nummerierung der Paraphrasen. In der dritten Spalte der Tabellen sind die Paraphrasen aufgelistet. Die Nummer der zugeordneten Überschriften befindet sich in der vierten Spalte. Die Überschriften sind in der ursprünglichen Sprache des Interviews formuliert. In der fünften Spalte sind die entwickelten Überschriften aufgelistet. Paraphrasen mit gleichen Überschriften und somit gleichem thematischen Inhalt wurden zusammengefasst. Ihre Nummern wurden zur besseren Zuordnung unter der jeweiligen Überschrift aufgelistet. Die reduzierten und zusammengefassten Paraphrasen befinden sich unter der jeweiligen Überschrift in der fünften Spalte. Die Überschriften wurden nach den in der Fragestellung vorgegebenen Bereichen Entwicklung, Konzept und Durchführung geordnet. Dadurch konnten diese thematisch vertieft werden.

Der thematische Vergleich sowie die soziologische und theoretische Generalisierung erfolgen in der letzten Tabelle. Dort wurden alle reduzierten Paraphrasen sämtlicher Interviews mit gleicher oder ähnlicher Überschrift und somit gleichem thematischen Inhalt zusammengefasst. In der ersten Spalte der Tabelle befinden sich die abstrahierten und zusammengefassten Überschriften aller Interviews, die nun gleichzeitig als Kategorien für die Interpretation des Materials dienen. In der zweiten Spalte werden die dazu geordneten, reduzierten Paraphrasen aller Interviews untereinander aufgeführt. Um eine bessere Zuordnung zu ermöglichen, befinden sich in der dritten und vierten Spalte hinter jeder Paraphrase die jeweilige Interviewbezeichnung aus der sie stammt und die jeweilige alte Überschriftennummer, der sie in den vorherigen Tabellen zugeordnet wurden. Unter der jeweiligen Überschrift/Kategorie in der ersten Spalte erfolgte eine Zusammenfassung der dazu geordneten Paraphrasen und die Anpassung auf die sprachliche Form der Arbeit. Die Überschriften/Kategorien sind bereits nach ihrer Thematik passend zum Inhalt der

Arbeit sortiert. Das zusätzliche Auflisten der reduzierten Paraphrasen aus den ursprünglichen Tabellen dient dazu, die Entstehung der zusammengefassten Version unter der jeweiligen Überschrift/Kategorie besser nachvollziehen zu können.

Die zusammengefassten Paraphrasen aller Interviews wurden teilweise mit in Klammern gesetzten Kürzeln versehen. Die Kürzel stehen für die jeweilige Einrichtung. Sie dienen dazu, bei Kategorien, die unterschiedliche Aussagen beinhalten, die jeweilige Verteilung und Häufigkeit darzustellen. Steht kein Kürzel hinter dem jeweiligen Punkt, so handelt es sich um eine Aussage, die von allen Einrichtungen getroffen wurde. Individuelle Merkmale der Kategorien werden im Kapitel 2.4.1 näher beschrieben. Der danach folgende Ergebnisbericht beschreibt und analysiert die sich ergebenden zusammengefassten Paraphrasen genauer. Die Angaben der Expertinnen der Bibliothek D werden in dem Ergebnisbericht, sofern es die Codingveranstaltungen in der Bibliothek betrifft, zusammengefasst. Ausschließlich individuelle Aussagen, die nur die Arbeit des Instituts, in dem Expertin E arbeitet, beschreibt, werden auch entsprechend der Institution zugeordnet und in der Tabelle mit einem eigenen Kürzel versehen. Unter dem Begriff „Teilnehmer" sind immer gleichermaßen Kinder und Jugendliche gemeint. Dies betrifft Aussagen, die beide Zielgruppen thematisieren. Bei Aussagen zu Veranstaltungen mit Kindern oder Jugendlichen wird das entsprechend individuell dargestellt.

2.4 Bericht

2.4.1 Beschreibung des Kategoriensystems

Entwicklung

1. Zuständige Personen

    In dieser Kategorie wird beschrieben, welche Vorkenntnisse die für die Codingveranstaltungen zuständigen Personen der jeweiligen Bibliothek besitzen. Darüber hinaus wird kurz dargestellt, inwieweit die Personen für die Planung und Durchführung dieser Veranstaltungen verantwortlich sind.

2. Einführung in das Thema

Diese Kategorie beschreibt, aus welchem Grund das Thema Coding in der jeweiligen Bibliothek eingeführt wurde bzw. in welchem Rahmen dieses stattfand.

3. Inspiration

Die Quellen, die der Ideenfindung der jeweiligen Angebote dienen, werden in dieser Kategorie aufgeführt.

4. Schwerpunkt

Hier wird der thematische Schwerpunkt der Veranstaltungen, den sich die jeweilige Bibliothek gesetzt hat, dargestellt.

Konzept

5. Konzeptentwicklung

In dieser Kategorie wird aufgeführt, wie die einzelnen Konzepte für die Veranstaltungen bzw. das Konzept für die Veranstaltungsreihe in den jeweiligen Bibliotheken erstellt wurden. Die groben inhaltlichen Eckpunkte der Konzepte bzw. des Konzeptes werden hier ebenfalls beschrieben.

6. Veranstaltungsablauf

Es erfolgt eine Darstellung des groben Ablaufs der einzelnen Veranstaltungen der jeweiligen Bibliotheken. Dabei wird das Hauptaugenmerk auf fixen Tätigkeiten, die in dem Großteil der bisher stattgefundenen Veranstaltungen gemacht wurden, gelegt. Sonderveranstaltungen sind dabei ausgenommen, da dort ein individueller Ablauf, je nach Anlass, Thema und Größe, durchgeführt wurde.

7. Stattgefundene Aktivitäten

Die verschiedenen Arten von Veranstaltungen, die in der oder durch die jeweilige Bibliothek stattgefunden haben, werden in dieser Kategorie skizziert. Die dabei verwendeten Geräte und Programme werden nach Verteilung ihrer Häufigkeit aller Bibliotheken aufgeführt. Danach folgt die Aufzählung einmaliger bzw. einmal im Jahr stattfindender Veranstaltungen, an denen die jeweilige Bibliothek teilgenommen hat und in denen das Thema Coding teilweise oder insgesamt thematisiert wurde. Zusätzlich werden weitere Angebote, die die jeweilige Bibliothek zum Thema Coding außerhalb von Veranstaltungen anbietet, dargestellt.

8. Betreuung

   Diese Kategorie umreißt, inwieweit die Veranstaltungen der jeweiligen Bibliotheken von internen oder externen Personen betreut werden und wie dabei der Betreuungsschlüssel ist.

9. Teilnehmer

   Das Durchschnittsalter der Teilnehmer und die durchschnittliche Größe der Gruppen der Veranstaltungen der jeweiligen Bibliotheken werden in dieser Kategorie angegeben. Besonderheiten der Teilnehmer bzw. der ausgewählten Zielgruppe werden hier ebenfalls aufgeführt.

10. Zeitlicher Turnus

    Es erfolgt eine Darstellung der durchschnittlichen Länge der einzelnen Veranstaltungen und der Sonderveranstaltungen. Bei regelmäßigen Veranstaltungen der jeweiligen Bibliothek wird der zeitliche Turnus, in dem diese stattfinden, genannt. Besondere Formen werden ebenfalls aufgeführt.

11. Finanzierung

    Hier wird die Finanzierung der Codingveranstaltungen der jeweiligen Bibliotheken aufgeführt.

Erfahrung

12. Erfahrung und Tipps der zuständigen Personen

    Diese Kategorie skizziert die individuellen Erfahrungen und Tipps der zuständigen Personen, die keiner der anderen Kategorien zugeordnet werden konnten. Es erfolgt keine Zuordnung der einzelnen Bibliotheken zu den jeweiligen Aussagen, da sie alle individuell sind und sich keine Doppelungen ergeben haben.

13. Meinungen anderer Personen

Die Bewertungen zu den Codingveranstaltungen von Personen, die nicht für die Veranstaltungen zuständig sind, werden hier aufgeführt. Sie wurden in drei Unterkategorien aufgeteilt:

- TeilnehmerInnen,
- Eltern und LehrerInnen sowie
- MitarbeiterInnen.

14. Schwierigkeiten

    Eine Aufzählung verschiedener Schwierigkeiten, die während der Veranstaltungen aufgetreten sind, wird in dieser Kategorie dargestellt. Dazu gehören auch allgemeine Schwierigkeiten, die die Codingveranstaltungen betreffen.

15. Ziele für die Zukunft

    In dieser Kategorie werden die jeweiligen Ziele die sich die einzelnen Bibliotheken für die Zukunft mit dem Thema Coding gesetzt haben, beschrieben.

2.4.2 Ergebnisbericht

Der Ergebnisbericht beinhaltet die ausformulierten Ergebnisse aller Kategorien, die in den Auswertungstabellen zusammengefasst dargestellt sind. Die jeweiligen Passagen aus den Interviews werden hier auf Grund ihrer Fülle nicht einzeln zitiert. Als Nachweis dienen die aufgelisteten Zeilenangaben der einzelnen Paraphrasen in den jeweiligen Tabellen. Die in der Fragestellung vorgegebenen Bereiche Entwicklung, Konzept und Erfahrung, nach denen die Kategorien in den Auswertungstabellen sortiert wurden, werden auch hier aufgeführt, um eine bessere Übersicht der Ergebnisse zu garantieren.

Entwicklung

2.4.2.1 Zuständige Personen

Die Gruppe der für die Codingveranstaltungen zuständigen Personen bildet sich aus den für Planung und Organisation sowie aus den für die Durchführung der Veranstaltungen Zuständigen. In allen Bibliotheken ist immer eine Mitarbeiterin für die Planung und Organisation der Codingveranstaltungen verantwortlich. Für die Durchführung sind mehr als eine Person befähigt. In der Bibliothek D gehört die planende Mitarbeiterin nicht zu den durchführenden Personen.

Alle zuständigen Personen haben in der Zeit, bevor die Codingveranstaltungen in den jeweiligen Bibliotheken eingeführt wurden, Veranstaltungen verschiedenster Art mit Kindern und Jugendlichen durchgeführt. Vorkenntnisse im Bereich Coding durch die vorherige Schulbildung oder Arbeit hatten nur die für die Organisation und die Durchführung verantwortliche Person der Bibliothek B sowie Expertin E. Alle Bibliotheksmitarbeiterinnen, die jetzt für das Thema zuständig sind, haben sich weitestgehend selbst in das Thema Coding eingearbeitet. Zusätzliche Schulungen durch externe Anbieter gab es in der Bibliothek B, in der Bibliothek C und in der Bibliothek D.

2.4.2.2 Einführung in das Thema

In allen Bibliotheken wurde das Thema Coding im Rahmen einer Erweiterung des medienpädagogischen Angebots für Kinder und Jugendliche eingeführt. Bei der Sichtung verschiedener Angebote in dem Bereich stießen die Mitarbeiterinnen auf das Thema Coding und nahmen es in die Bibliothek mit auf.

2.4.2.3 Inspiration

Alle Bibliotheken, mit Ausnahme der Bibliothek D, ließen sich von verschiedenen Quellen inspirieren, um die Frage zu beantworten, was eine Bibliothek rund um das Thema Coding anbieten kann. Die generierten Ideen wurden übernommen oder den individuellen Bedürfnissen der Bibliothek angepasst. Die zuständige Mitarbeiterin der Bibliothek D hat durch ihre vorherige Arbeit zahlreiche Kontakte zu medienpädagogischen Unternehmen, die bereits mit Coding arbeiten.

Die Expertinnen der Bibliothek A und der Bibliothek C ließen sich unter anderem von den Angeboten freier Medienpädagogen und medienpädagogischer Einrichtungen, Blogs, Newsletter etc. inspirieren.

Darüber hinaus orientiert sich die Expertin der Bibliothek C an dem Angebot anderer Bibliotheken. Die Expertin der Bibliothek A befragt zusätzlich die Kinder und Jugendlichen der Veranstaltungen nach passenden Ideen. Die Hauptinspirationsquellen der Expertin der Bibliothek B waren Aktionen der Schulen und des Bundeslandes zur Medienbildung von Kindern und Jugendlichen.

2.4.2.4 Schwerpunkt

Die Mitarbeiterinnen der Bibliothek C haben sich für die Veranstaltungen, in deren Rahmen auch die Codingveranstaltungen stattfinden, einen inhaltlichen Schwerpunkt gesetzt. Es geht dabei um die kreative Medienarbeit mit Kindern und Jugendlichen im außerschulischen Kontext. Die TeilnehmerInnen bekommen bei den Veranstaltungen die Möglichkeit, alle Medien, die ihnen in der Bibliothek zur Verfügung stehen, einmal selbst kreativ herzustellen. Bei Computerspielen bot sich das Thema Coding an.

Konzept

2.4.2.5 Konzeptentwicklung

Wenn die Erstellung des Konzeptes und die Durchführung der Veranstaltungen durch unterschiedliche Personen erfolgen, wird dieses Konzept gemeinsam bzw. in Absprache miteinander entwickelt. Dabei spielt es keine Rolle, ob die durchführende Person bibliotheksintern oder -extern ist. Dies ist vor allem in der Bibliothek C und in der Bibliothek D der Fall.

Die groben Inhalte eines solchen Konzeptes ergaben sich aus dem Interview mit der Expertin D der Bibliothek D. In den anderen Bibliotheken ist der Inhalt der Konzepte ähnlich aufgebaut. Darin wird geregelt, wie viele Veranstaltungen in welchem zeitlichen Turnus stattfinden sollen oder ob es sich dabei um eine einmalige Aktion handelt. Die jeweilige Dauer der einzelnen Veranstaltungen wird aufgeführt sowie die benötigte Technik, Ausstattung und räumlichen Gegebenheiten. Die Zielgruppe, die angesprochen werden soll, deren Alter und die Anzahl der zugelassenen Teilnehmer, ist ein weiterer Punkt des Konzeptes. Anschließend werden das Thema bzw. der grobe Inhalt der Veranstaltung benannt.

Die entstandenen Konzepte dienen vor allem in der Bibliothek A und der Bibliothek C als Arbeitsgrundlage. Nach der Erstellung wird das Konzept in der Praxis getestet und ggf. geändert bzw. ergänzt.

2.4.2.6 Veranstaltungsablauf

Der grobe Ablauf der Codingveranstaltungen ist bei allen Bibliotheken ungefähr gleich. Große öffentliche Sonderveranstaltungen fallen aus dem Schema, da sie je nach Thema und Zielgruppe bzw. Größe der Besucherzahlen anders konzipiert werden müssen. Meist werden bei Sonderveranstaltungen, im Gegensatz zu Veranstaltungen mit Gruppen, mehrere Mitmachstationen aufgebaut bzw. mit einer Großzahl an TeilnehmerInnen mit- oder gegeneinander verschiedenen Aufgaben gelöst.

Bei Veranstaltungen in Gruppen, wie z. B. Workshops, wird überwiegend mit einer kurzen Einführung angefangen. Dabei wird das jeweilige Programm oder Gerät kurz vorgestellt und die ersten grundlegenden Schritte der Bedienung erklärt. Beim Vorhandensein von Arbeitsmaterialien bzw. Aufgabenblättern, werden diese komplett oder einzeln nacheinander den TeilnehmerInnen ausgehändigt. In der Arbeitsphase sollen die TeilnehmerInnen das Programm oder Gerät durch Ausprobieren selbstständig kennenlernen. Gestellte Arbeitsaufträge sollen durch Experimentieren selbstständig gelöst werden. Am Ende der Veranstaltung werden die einzelnen Ergebnisse präsentiert. Die TeilnehmerInnen werden im Rahmen der Evaluation gefragt, ob ihnen die Veranstaltung gefallen hat oder nicht. Wenn die Veranstaltung von mehreren oder bibliotheksexternen Personen durchgeführt wurde, erfolgt ohne die Anwesenheit der TeilnehmerInnen eine kurze Auswertung, welche Aspekte positiv zu bewerten sind und welche eventuell besonders beachtet oder geändert werden sollten.

Die Institution, in der Expertin E tätig ist, pflegt zur Evaluation der Veranstaltungen eine Plattform. Darauf erfolgt im Nachgang eine kurze Beschreibung und Bewertung der TeilnehmerInnen. Für statistische Zwecke wird zudem die Anzahl sowie das Alter der TeilnehmerInnen erfasst. Damit wird regelmäßig die Reichweite der Veranstaltungen ermittelt.

2.4.2.7 Stattgefundene Aktivitäten

Bei allen untersuchten Bibliotheken ist das Thema Coding nur eines von vielen Themen, welches in Veranstaltungen mit medienpädagogischem Kontext angeboten wird. Die Bibliothek C und die Bibliothek D bieten darüber hinaus zusätzlich Veranstaltungsreihen zum Thema Coding an. Die Bibliothek C unterscheidet dabei zusätzlich noch zwischen Veranstaltungen, bei denen mehrere Programme und/oder Geräte ausprobiert werden, und solchen, bei denen eines im Fokus steht. Im Rahmen von größeren Veranstaltungen finden auch Codingaktionen statt, welche im Vorfeld durch eine Lesung von z. B. Robotergeschichten eingeleitet werden.

Die Veranstaltungen finden in einem Veranstaltungsraum der Bibliothek statt. Die Bibliothek C und die Institution von Expertin E bieten zusätzlich die Möglichkeit, die Veranstaltungen in den jeweiligen Schulen durchzuführen, um vor Ort mit den Klassen zu coden. Von der Bibliothek B gab es dazu keine Auskunft.

Alle Bibliotheken haben im Rahmen ihrer Veranstaltungen schon mindestens einmal Laptops, IPads, Makey Makeys und das Programm Scratch eingesetzt. Das Makey Makey ist eine Platine, die als Ersatztastatur für Spiele und zahlreiche kreative Möglichkeiten verwendet werden kann.[44] Scratch ist genauso wie Blockly eine visuelle Programmierumgebung, in der anstatt mit Programmiersprachen mit Blöcken gearbeitet wird.[45] Weitere Programme und Geräte, die bei den Veranstaltungen in den Bibliotheken verwendet wurden, sind:

---

44 „Archiv der Kategorie. Programmieren," zuletzt geprüft am 20.01.2018, https://medienundschule.ch/category/lehrmittel/programmieren/.
45 Bianca Mey, „Programmieren für Kinder. 11 tolle Ideen," zuletzt geändert am 11.05.2017, http://www.codingkids.de/machen/programmieren-fuer-kinder-11-tolle-ideen.

- Bibliothek A: Calliope, Bloxels, Kodu, Raspberry Pi, App Inventor, Hour of Codes, verschiedene Programmierapps
- Bibliothek B: Ozobots, Arduino
- Bibliothek C: Calliope, Bloxels, Osmo Coding, Dash, Cubetto, Sphero, Bee Bots, Blockly
- Bibliothek D: Kodu, Python, Lego Minestorms

Der Mikrocontroller Calliope hat ein Display mit 25 Leuchtioden und verschiedene Sensoren, die über eine Programmieroberfläche programmierbar sind. Mit den Programm Bloxels können Spiele über ein Gamebord, das mit einem Tablet eingescannt wird, programmiert werden.[46] Der Raspberry Pi und der Arduino sind kleine mobile Computer, aufgebaut wie ein Einplatinencomputer, der mit verschiedener Hardware (Maus, Tastatur und Bildschirm) verbunden werden kann.[47] Mit dem Programm App Inventor können Apps ähnlich wie bei Scratch mit Bausteinen programmiert werden.[48] Ozobot, Dash, Sphero und Lego Minestorms sind Bezeichnungen für verschiedene Roboter, die für unterschiedliche Altersgruppen geeignet sind. Einige davon lassen sich ganz ohne eine Programmieroberfläche steuern und andere durch mehrere Teile bzw. Sensoren ergänzen. In dem Spiel Osmo Coding werden die Figuren mit physischen Programmierbausteinen bewegt. Dieses Spiel hat im Jahr 2017 den deutschen Kindersoftwarepreis Tommi in der Sonderkategorie Kindergarten und Vorschule gewonnen.[49] Python ist eine Programmiersprache, die vor allem für Programmieranfänger gut geeignet ist.[50]

---

46 „Dein Universum in jedem Block," zuletzt geprüft am 20.01.2018, http://home.bloxelsbuilder.com/de.html.
47 „About Us," zuletzt geprüft am 03.01.2018, https://www.raspberrypi.org/about/.
48 Bianca Mey, „Programmieren für Kinder. 11 tolle Ideen," zuletzt geändert am 11.05.2017, http://www.codingkids.de/machen/programmieren-fuer-kinder-11-tolle-ideen.
49 „TOMMI - Der deutsche Kindersoftwarepreis 2017," zuletzt geprüft am 20.01.2018, http://www.kindersoftwarepreis.de.
50 „Programming Languages. Control ev3dev devices from code," zuletzt geprüft am 03.01.2018, http://www.ev3dev.org/docs/programming-languages/.

Bei größeren Veranstaltungen oder wenn die benötigten Geräte in der Bibliothek D nicht vorhanden sind, bringen die Kooperationspartner der Bibliothek diese zusätzlich mit.

In der Bibliothek B, der Bibliothek C und der Bibliothek D finden die größeren Veranstaltungen zu besonderen Anlässen statt. Dabei werden in der jeweiligen Bibliothek mehrere Stationen aufgebaut. Die Veranstaltungen, bei denen auch Codingstationen aufgebaut wurden, waren:

- Bibliothek B: Nacht der Bibliotheken
- Bibliothek C: Literaturfeste des Bundeslandes, Hackathon, Familiensonntag, Makerday, Kinderfeste der Stadt
- Bibliothek D: Jugend hackt, Code Week

Hackathons sind große Programmierveranstaltungen, bei denen mehrere Programmierer verschiedene Dinge ausprobieren und sich untereinander austauschen.[51] Die Veranstaltungsreihen Jugend hackt von der Open Knowledge Foundation Deutschland e. V.[52] und die EU Code Week der Universität der Künste[53] finden in Form von Hackerthons für interessierte Kinder und Jugendliche in ganz Deutschland statt. Ein Makerday ist im Falle der Bibliothek C eine Veranstaltung mit mehreren Mitmachstationen, bei denen unter anderem auch das Thema Coding eine Rolle spielt.

Zusätzlich zu den Veranstaltungsangeboten bieten die Bibliothek B und die Bibliothek C die programmierbaren Geräte für ihre Nutzer zum Ausleihen an. In der Bibliothek C sind das unter anderem Gerätesets für Lehrer, die mit didaktischen Materialien und Anwendungsbeispielen ergänzt werden. Das Institut, in dem Expertin E tätig ist, bieten ebenfalls Materialien zum Thema Coding für Lehrer an, die im Unterricht eingesetzt werden können.

---

51 „Was ist Hackathon?," zuletzt geprüft am 20.01.2018, http://www.nerd-zone.com/hackathon/what-is-hackathon/.
52 „Was ist ...?," zuletzt geprüft am 20.01.2018, https://jugendhackt.org/was-ist/.
53 „Über die Code Week," zuletzt geprüft am 20.01.2018, http://codeweek.de/#ueber.

2.4.2.8 Betreuung

In der Bibliothek B, der Bibliothek C und der Bibliothek D werden Veranstaltungen auch von Kooperationspartnern durchgeführt. Dies geschieht im Besonderen bei speziellen Themen oder bestimmten anspruchsvolleren Zielgruppen, wie z. B. bei Jugendlichen mit Codingerfahrungen, für die den durchführenden Personen das Know-how fehlt. Diese Kooperationspartner sind vorwiegend Medienpädagogen oder auch, wie in der Bibliothek B, InformatikschülerInnen bzw. -studentInnen.

Bei allen Bibliotheken werden Teilnehmergruppen ab acht oder neun Personen zu zweit betreut. Der optimale Betreuungsschlüssel ist, laut der Expertin der Bibliothek C, je nach Gerät bzw. Programm und Vorkenntnissen der TeilnehmerInnen unterschiedlich und nur durch Ausprobieren ermittelbar.

2.4.2.9 TeilnehmerInnen

Die TeilnehmerInnen bei Kinderveranstaltungen sind im Durchschnitt 7 bis 13 Jahre alt. Bei Veranstaltungen mit Jugendlichen beträgt das Durchschnittsalter 13 bis 18 Jahre. Die Größe der Gruppen liegt bei ca. 6 bis 14 Personen. Diese Zahlen ergeben sich aus den Angaben aller Bibliotheken.

Alle Bibliotheken bieten Veranstaltungen für Kinder und Jugendliche an, die sich außerhalb des Schulkontextes frei dafür anmelden können. Zusätzlich führen die Bibliothek B, die Bibliothek C und die Institution, in der Expertin E tätig ist, Veranstaltungen für zuvor angemeldete Schulklassen durch. Dabei arbeiten die Bibliotheken mit den ortsansässigen Schulen zusammen.

Die Bibliothek C und die Institution, in der Expertin E tätig ist, organisieren vereinzelt auch geschlechtergetrennte Veranstaltungen nur für Mädchen oder nur für Jungen. Bei gemischten Veranstaltungen, die in allen Bibliotheken stattfinden, besteht die Mehrheit der TeilnehmerInnen aus Jungen.

2.4.2.10 Zeitlicher Turnus

Die einzelnen Veranstaltungen dauern im Durchschnitt bei allen Bibliotheken 2 bis 4 Stunden. Dieser Zeitraum beinhaltet meistens eine Pause.

In der Bibliothek A findet die Veranstaltungsreihe regelmäßig alle 14 Tage statt. In dem Jugendbereich der Bibliothek ist an den öffentlichen Computern das Programmierspiel Kodu für jeden Interessierten jederzeit zugänglich.

Die Veranstaltungen der Bibliothek C und der Bibliothek D finden nicht regelmäßig statt. Von der Bibliothek B sind dazu keine Angaben gemacht worden.

In allen drei Bibliotheken (mit Ausnahme der Bibliothek A) finden die größeren Sonderveranstaltungen, die im Kapitel 2.4.2.7 aufgeführt sind, über einen ganzen Tag, ein Wochenende oder eine Woche verteilt statt.

2.4.2.11 Finanzierung

Die Bibliothek A ist die einzige der hier untersuchten Bibliotheken, die keinen eigenen Etat für die medienpädagogischen Angebote besitzt. Wie in der Bibliothek D, wird benötigte Technik aus einem gesonderten Etat der jeweiligen Bibliothek bezahlt.

Die Bibliothek D bezieht zusätzlich für die Angebote Geld über Drittmittel, besondere Aktionen, Sponsoren und den abteilungseigenen Etat, der in dem Fall für Honorare zur Verfügung steht. Die Bibliothek B und die Bibliothek C finanzieren ihre medienpädagogischen Angebote komplett über Drittmittel, besondere Aktionen, Sponsoren und den Etat der jeweiligen Abteilung bzw. der Bibliothek.

Bewertung

2.4.2.12 Erfahrung und Tipps der zuständigen Personen

Durch das freie Ausprobieren der Programme und Geräte kann die Kreativität der TeilnehmerInnen gefördert werden. Das kann z. B. durch die Gestaltung eigener Bilder und Figuren realisiert werden, mit denen anschließend programmiert werden kann.

Nach der Erfahrung der Expertinnen sollte bei ggf. erforderlichen Hilfestellungen den TeilnehmerInnen stets das Gefühl vermittelt werden, dass sie selbst auf die Lösung gekommen und nicht einfach nur Vorgaben gefolgt sind. Dafür müssen Tipps und Hinweise wohldosiert an die jeweilige Person gebracht werden.

Bei einigen Programmen und Geräten konnte beobachtet werden, dass die TeilnehmerInnen weniger Unsicherheiten und Berührungsängste hatten, wenn ihnen nicht bewusst war, dass sie sich bereits im Programmiervorgang befanden. Das kann zu einer höheren Motivation und einem positiven Überraschungseffekt führen, wenn sie bemerken, was sie gerade geschaffen haben.

Will man Kinder und Jugendliche flächendeckend und barrierefrei von einem Thema wie Coding begeistern, sollte man vermehrt Veranstaltungen mit Schulklassen organisieren. Dort kann man mehr Kinder und Jugendliche auf einmal erreichen, da alle gemeinsam unabhängig von ihrer Vorerfahrung angemeldet werden. Ein weiterer Weg wären offene Veranstaltungen, die spontan von den BibliotheksnutzerInnen in der jeweiligen Altersstufe besucht werden können, ohne sich vorher anmelden zu müssen.

Eine abwechslungsreiche Themenauswahl bei einer Veranstaltung bzw. im Laufe einer Veranstaltungsreihe kann verhindern, dass die TeilnehmerInnen sich schnell langweilen und ihre Aufmerksamkeit verlieren.

Durch Ausprobieren und den Mut für Neues kann am besten festgestellt werden, welche Geräte oder Programme bzw. welche Zielgruppe welche genauen zeitlichen und personellen Gegebenheiten benötigt.

Gemeinsames Arbeiten der Teilnehmer an einem Rechner in Gruppen von zwei Personen ermöglicht nebenbei die Vermittlung von Soft Skills. Dazu gehört die Fähigkeit, im Team arbeiten zu können und dahingehend auch Kompromisse eingehen zu müssen. Ein positiver Nebeneffekt ist oft, dass die TeilnehmerInnen sich beim Lösen der Aufgaben gegenseitig motivieren können.

2.4.2.13 Meinungen anderer Personen

Die Auffassung der TeilnehmerInnen zum Thema Coding sind in allen Bibliotheken durchweg positiv. Es konnte festgestellt werden, dass spielerische Themen dabei am besten angenommen werden. So arbeiten die TeilnehmerInnen der Bibliothek A oft noch nach der Veranstaltung an den Programmen zu Hause weiter.

Von den Eltern und Lehrern gibt es ebenfalls durchgehend positives Feedback. In der Bibliothek B und der Bibliothek C gab es anfangs Unsicherheiten und Irritationen, die sich aber schnell gelegt bzw. geklärt haben. In der Bibliothek A und der Bibliothek D finden die Eltern und Lehrer dieses Thema sehr wichtig und sind begeistert, wenn ihre Kinder bzw. Jugendlichen etwas Konstruktives am Computer erarbeiten statt nur zu konsumieren.

Die MitarbeiterInnen der Bibliothek A, die für das Thema nicht zuständig sind, stehen diesem eher mit Unverständnis gegenüber. Aus diesem Grund gibt es für die durchführenden Personen keine Abwesenheitsvertretung im Kollegium. In der Bibliothek C und der Bibliothek D besteht teilweise die Befürchtung, dass die analogen Medienangebote von den digitalen verdrängt werden könnten. Insgesamt haben hier aber nur wenige Personen ein Problem mit dem Thema. In der Bibliothek B wurde gemeinsam von allen MitarbeiterInnen die Entscheidung getroffen, diese medienpädagogischen Angebote in die Bibliothek aufzunehmen.

2.4.2.14 Schwierigkeiten

Eine besonders geringe Aufmerksamkeitsspanne, schnell auftretende Frustration, Enttäuschung und Langeweile sind Probleme, die vor allem bei den TeilnehmerInnen in der Bibliothek A bei Codingveranstaltungen auffielen.

Die Expertinnen der Bibliothek D und dem Institut, in dem Expertin E tätig ist, haben die Erfahrung gemacht, dass bei Veranstaltungen außerhalb des schulischen Kontextes bzw. bei solchen, bei denen Anmeldepflicht besteht, nur bereits interessierte Kinder und Jugendliche solche mit interessierten Eltern erreicht werden.

Auf Grund von geringen Personalkapazitäten und oft auch fehlendem Knowhow im Bereich Coding in der Bibliothek B, der Bibliothek C und der Bibliothek D müssen immer häufiger Kooperationspartner die Codingveranstaltungen durchführen. Die Alternative wäre ein kleineres Angebot, also weniger Veranstaltungen anbieten zu können.

In der Bibliothek C wurde festgestellt, dass die Einführung neuer Angebote viel Zeit in Anspruch nimmt. Das betrifft nicht nur das Thema Coding. Oft müssen erst viele Versuche unternommen und Marketingstrategien erprobt werden, bis ein neues Angebot von den NutzerInnen der Bibliothek, aber vor allem auch von den LehrerInnen der ansässigen Schulen, angenommen wird.

2.4.2.15 Ziele für die Zukunft

Hauptziel der Bibliothek A, der Bibliothek C und dem Institut, in dem Expertin E tätig ist, ist es, das Interesse und die Neugier am Thema Coding zu wecken, Grundkenntnisse zu vermitteln sowie Hemmschwellen abzubauen. Dafür hat sich das Institut, in dem Expertin E tätig ist, das Ziel gesetzt, Lehrer zu unterstützen und zu ermutigen, das Thema vermehrt im Unterricht einzusetzen. Damit wollen sie noch mehr Kinder und Jugendliche erreichen als bisher.

Die Bibliothek B möchte in naher Zukunft einen Makerspace in der Bibliothek einrichten, in dem die vorhandenen Geräte zur freien Nutzung für jede/n angemeldete/n BenutzerIn zur Verfügung stehen. Dieses Ziel teilen sie mit der Bibliothek C. Darüber hinaus wollen die MitarbeiterInnen der Bibliothek B wie auch die der Bibliothek D mehr Veranstaltungen für die Schulen der Stadt anbieten.

Die MitarbeiterInnen der Bibliothek A und der Bibliothek D wollen mehr Geräte in ihr Angebot aufnehmen. Zusätzlich dazu wollen die zuständigen Mitarbeiter der Bibliothek D diese Geräte auch zur Ausleihe freigeben und mit ihnen vermehrt regelmäßig Veranstaltungen durchführen.

Die Expertin der Bibliothek C ist der Überzeugung, dass durch das Thema Coding in Zukunft auch das Image der Bibliothek verbessert werden kann. Vorbehalte zum Thema Coding und auch allgemein zu Bibliotheken können durch das Aufzeigen der vielen Möglichkeiten, die sich den Menschen damit bieten, möglicherweise abgebaut werden.

Nachdem die Ergebnisse der Experteninterviews im vorangegangenen Teil dargestellt wurden, soll im nachfolgenden Teil am Maßstab der Gütekriterien nach Mayring überprüft werden, ob die gefundenen Ergebnisse valide sind.

2.5 Gütekriterien

Die den jeweiligen Gütekriterien zugeordneten Erklärungen sind dem Buch „Einführung in die qualitative Sozialforschung" von Philipp Mayring entnommen worden.[54]

2.5.1 Verfahrensdokumentation

Bei dem ersten Gütekriterium muss nachgewiesen werden, dass alle Schritte der Forschung genau dokumentiert und nachvollziehbar aufgeführt sind. Im Abschnitt 2.2 Durchführung und 2.3 Auswertung wurden die einzelnen Schritte, wie bei der Erstellung, Bearbeitung und Auswertung der Interviews vorgegangen wurde, genau beschrieben. Das Gütekriterium der Verfahrensdokumentation ist damit erfüllt.

2.5.2 Argumentative Interpretationsabsicht

Die in Kapitel 2.4 aufgeführten Ergebnisse, die nach der Auswertung des Interviewmaterials entstanden sind, wurden durch die jeweiligen Auswertungstabellen belegt. Die Ergebnisse der Teile 1 bis 3 dieser Arbeit wurden in Form einer Handlungsempfehlung im Teil 4 argumentativ interpretiert. Damit ist das zweite Gütekriterium der argumentativen Interpretationsabsicht erfüllt. Diese besagt, dass alle Interpretationen der Ergebnisse von Seiten der Autorin argumentativ und schlüssig begründet werden müssen.

---

54 Philipp Mayring, Einführung in die qualitative Sozialforschung: eine Anleitung zu qualitativem Denken, 6. Auflage (Weinheim: Beltz, 2016), 144-148.

2.5.3 Regelgeleitetheit

Das dritte Gütekriterium der Regelgeleitetheit besagt, dass das vorhandene Material für die Auswertung schrittweise nach vorgegebenen Regeln zu bearbeiten ist. Die geregelten Schritte, die bei der qualitativen Inhaltsanalyse nach Meuser und Nagel vorgegeben werden, sind im Unterkapitel 2.3.2 aufgezählt und beschrieben. Im gleichen Unterkapitel wird das Vorgehen zur Einhaltung dieser Regelungen beschrieben. Damit wurde dem dritten Gütekriterium entsprochen.

2.5.4 Nähe zum Gegenstand

Im Kapitel 2.2.2 wird der Ablauf der jeweiligen Interviews detailliert dargestellt. Wie dort gezeigt wird, konnte bei fast allen Interviews die Nähe zum Gegenstand eingehalten werden. Die Codingveranstaltungen sind der Gegenstand, der in dieser Arbeit untersucht wurde. Eine Nähe zum Gegenstand kann dahingehend realisiert werden, dass die Interviews an dem gleichen Ort stattfinden wie auch die Veranstaltungen. Sie erfolgen sozusagen nahe der Arbeitswelt der befragten Personen.

Bei den Interviews mit den Expertinnen der Bibliothek B und der Bibliothek C konnte die Nähe zum Gegenstand nicht eingehalten werden. Das Interview mit Expertin B aus der Bibliothek B wurde aus zeitlichen Gründen per Skype durchgeführt. Das Interview mit Expertin C aus der Bibliothek C fand aus gesundheitlichen Gründen auf Seiten der Expertin nicht in der Bibliothek selbst statt. Die anderen Interviews wurden alle in der jeweiligen Bibliothek durchgeführt. Aus diesem Grund wurde bei diesen Interviews dem vierten Gütekriterium entsprechend eine Nähe zum Gegenstand eingehalten.

2.5.5 Kommunikative Validierung

Um dem fünften Gütekriterium zu entsprechen, müssen die Ergebnisse der Arbeit im Nachgang den interviewten Experten zur Diskussion vorgelegt werden. Damit soll festgestellt werden, ob die Ergebnisse richtig sind und Relevanz haben. Auf Grund der zeitlichen Begrenzung der Bachelorarbeit war es der Autorin nicht möglich, eine kommunikative Validierung der Ergebnisse vorzunehmen. Im Fall einer eventuellen Veröffentlichung der Arbeit wird die kommunikative Validierung der Arbeit nachgeholt, da der überwiegende Teil der Experten auf ihren jeweiligen Einverständniserklärungen um Einsicht in die Arbeit gebeten haben.

2.5.6 Triangulation

Bei dem sechsten Gütekriterium werden verschiedene Lösungswege zur Beantwortung der Forschungsfragen gewählt und die jeweils entstehenden Ergebnisse verglichen. Durch die dadurch entstehenden verschiedenen Perspektiven kann die Richtigkeit der Ergebnisse nachgewiesen werden. Auf Grund der zeitlichen Begrenzung der Arbeit erfolgte keine Triangulation.

Teil 3: Die Open-Roberta-Initiative

Die „Open-Roberta-Initiative" des Fraunhofer-Instituts setzt sich für die Förderung von Kindern und Jugendlichen in medienpädagogischen Bereichen ein. Dafür hat sie das Programm „Open Roberta" vermittelt, um dieser Zielgruppe spielerisch Programmierfähigkeiten zu vermitteln. Um die Frage zu beantworten, wie dieses Programm bei Bibliotheksveranstaltungen mit Kindern und Jugendlichen eingesetzt werden kann, wird im Folgenden die Open-Roberta-Initiative, der Aufbau eines „Open Roberta Coding Hubs" und die Oberfläche des „Open Roberta Coding Labs" vorgestellt.

Diese Arbeit thematisiert Codingveranstaltungen in Bibliotheken. Aus diesem Grund ist bei den teilnehmenden Einrichtungen als „Open Roberta Coding Hubs" von Bibliotheken die Rede. Darüber hinaus ist es auch für andere Einrichtungsarten außerhalb des schulischen Kontexts möglich, ein „Open Roberta Coding Hub" zu werden. Auf Grund der thematischen Eingrenzung der Arbeit findet das im weiteren Verlauf der Arbeit jedoch keine Berücksichtigung.

3.1 Open Roberta

Das Fraunhofer-Institut Intelligente Analyse- und Informationssysteme (IAIS) ist eine Einrichtung, die sich auf die Themen Data Science, Mustererkennung sowie Softwaremodellierung und -analyse spezialisiert hat. Das Institut berät Unternehmen bei der Lösung von Problemen in diesen Themenbereichen und beim Aufbau technologischer Systeme. Dazu gehört auch die Forschung an Themen wie Big Data und künstliche Intelligenz.[55]

Eines ihrer Geschäftsfelder befasst sich mit dem Thema „Intelligente Medien- und Lernsysteme". In diesem Zusammenhang wurde zur Förderung der sogenannten MINT- Fächer (Mathematik, Informatik, Naturwissenschaft und Technik) die Bildungsinitiative „Roberta – Lernen mit Robotern" entwickelt.[56]

---

55 „Wir machen mehr aus Ihren Daten," zuletzt geprüft am 22.12.2017, https://www.iais.fraunhofer.de/de/institut/ueber-uns.html.
56 „MINT-Förderung und Bildung," zuletzt geprüft am 22.12.2017, https://www.iais.fraunhofer.de/de/geschaefsfelder/intelligente-medien-und-lernsysteme/uebersicht/mint-foerderung-und-bildung.html.

Im Jahr 2014 wurde die Initiative technologisch erweitert. Die in diesem Zusammenhang gemeinsam mit Google entwickelte Programmierplattform „Open Roberta Lab" soll Kindern und Jugendlichen ein spielerisches Erlernen des Programmierens ermöglichen. Das Institut schult und unterstützt zu diesem Zweck Lehrkräfte und außerschulische Einrichtungen zum Thema Programmieren.[57] Dadurch können Kinder und Jugendliche flächendeckend erreicht werden und Erfahrungen mit Coding sammeln. Aus Sicht des Fraunhofer-Instituts könnten auf diese Art verstärkt Kompetenzen, z. B. aus dem Bereich der Informatik, vermittelt und mehr Interesse für technische Berufe geweckt werden. Hintergrund ist, dass zahlreiche große Unternehmen, wie das Fraunhofer-Institut und auch Google, auf Grund des aktuellen massiven Fachkräftemangels auf gut ausgebildetes Personal einer jungen Generation angewiesen sind. Die Förderung von Projekten im Bereich von Coding könnte zukünftig zum Abbau dieses Mangels beitragen.

3.2 Open Roberta Coding Hub

Nach der Definition von Wikipedia ist ein Hub ein Treffpunkt, es kann auch als Zentrum oder Mittelpunkt verstanden werden.[58]

Außerschulische Einrichtungen wie Bibliotheken können ein „Open Roberta Coding Hub" werden. Das IAIS stattet die ausgewählte Bibliothek dazu mit der entsprechenden Hard- und Software aus.[59]

Die Ausstattung der Coding Hubs beinhaltet:
- Laptops,
- Roboter wie den LEGO Mindstorms EV3,
- Calliope Minis und
- die Schulung zum Roberta-Teacher für die durchführenden Personen.

---

57 „FAQ zur Roberta-Initiative," zuletzt geprüft am 22.12.2017, https://www.roberta-home.de/transparenz/faq-zur-roberta-initiative.
58 „Hub," zuletzt geprüft am 03.01.2018, https://de.wikipedia.org/wiki/Hub.
59 „Vorbeikommen, losprogrammieren. Die Open Roberta Coding Hubs," zuletzt geprüft am 26.01.2018, https://www.open-roberta.org/initiative/roberta-netzwerk/open-roberta-coding-hubs/.

Die Schulungen zum Roberta-Teacher beinhalten das Kennenlernen der Hard- und Software sowie die Teilnahme an didaktischen Veranstaltungen. Danach lernen die TeilnehmerInnen unterschiedliche Beispiele kennen, wie sie die verschiedenen Materialien, die ihnen zur Verfügung gestellt werden, sowie das Programm „Open Roberta" in einer Veranstaltung mit Kindern und Jugendlichen einsetzen können.[60]

Auf der Webseite https://www.roberta-home.de/werden unter dem Reiter Lehrkräfte verschiedene Materialien, Lerneinheiten, Experimentierbeispiele und Bauanleitungen kostenlos zu Verfügung gestellt. Dazu gehören Beispiele zum Einsatz von Robotern und anderer Hardware zu Themen wie Verkehrsbehinderungen, Architektur von Maschinen, die Sinne des Menschen, Mathematik oder Morsen.[61] Passende Aufgabenblätter mit jeweils dazugehörigem Theorieteil wurden zur Nutzung erstellt. Es werden auch Tutorials für das Programmieren mit den Programmiersprachen Java und NXC, eine Programmiersprache für den Lego Minestorms NXT, mit zahlreichen Einsatzbeispielen zur Verfügung gestellt.[62] Benötigte Programme stehen kostenfrei zum Download bereit.

Zur Erarbeitung der vorliegenden Bachelorarbeit konnte die Autorin den Kooperationsvertrag, der bei jeder Neubildung eines „Open Roberta Coding Hubs" zwischen dem Fraunhofer-Institut und der jeweiligen Einrichtung geschlossen wird, uneingeschränkt einsehen. Die Autorin hat Bestandteile dieses Vertrages in ihre wissenschaftlichen Ausführungen in dieser Arbeit einfließen lassen. Kurz vor Abgabetermin der Bachelorarbeit teilte die Rechtsabteilung des Instituts jedoch mit, dass sie einer Verwendung des Inhalts des Kooperationsvertrages widerspricht. Sollten sich im Rahmen dieser Ausarbeitung daher inhaltliche Lücken ergeben, sind diese der Beachtung des Urheberrechts geschuldet.

---

60 „FAQ zur Roberta-Initiative," zuletzt geprüft am 26.01.2018, https://www.roberta-home.de/transparenz/faq-zur-roberta-initiative.
61 „Lerneinheiten und Experimente," zuletzt geprüft am 03.01.2018, https://www.roberta-home.de/lehrkraefte/lerneinheitenexperimente/.
62 „Roberta-Materialien," zuletzt geprüft am 03.01.2018, https://www.roberta-home.de/lehrkraefte/roberta-materialien/.

3.3 Open Roberta Coding Lab

Die cloudbasierten Open-Source-Software „Open Roberta" kann über die Programmierplattform „Open Roberta Coding Lab" (siehe Abbildung 2) verwendet werden. Dafür wird die vom Fraunhofer-Institut entwickelte Programmiersprache NEPO verwendet. NEPO ermöglicht es, mithilfe von Puzzleteilen oder auch Blöcken einfache Programme für verschiedene Hardware, Roboter oder eine zur Verfügung stehende Simulation zu erstellen. Eine Anleitung zeigt in einfachen kleinen Schritten, wie man dabei vorgehen muss und was man für Möglichkeiten hat. NAPO wird mit Hilfe von Blöcken bzw. Puzzleteilen programmiert, die man ineinanderschieben kann (siehe Abbildung 3 und 4). Zwei Schwierigkeitsstufen verändern die Anzahl der zur Verfügung stehenden Blöcke.

Abbildung 2: Open Roberta Coding Lab

Abbildung 3: Open Roberta Coding Lab - Übersicht der Blöcke

Abbildung 4: Open Roberta Coding Lab - Blöcke zusammenfügen

'Mit der Programmieroberfläche können verschiedene Aktionen programmiert werden. Es können:
- verschiedene Motoren angesprochen,
- Bewegungen, wie Fahren, erzeugt,
- Texte und/oder Bilder angezeigt,
- Töne erzeugt,
- Leuchtdioden mit verschiedenen Farben versehen werden, die in vielfältiger Art und Weise aufleuchten können,
- unterschiedliche Sensoren angesprochen werden, wie ein Berührungssensor, ein Ultraschallsensor, ein Farbsensor, ein Infrarotsensor, ein Drehsensor, ein Kreiselsensor sowie ein Zeitgeber,
- Entscheidungen sowie Schleifen in die Programmierung eingebaut,
- Wahr-/Falsch-Entscheidungen getroffen,
- Rechnungen sowie Listen erstellt und
- Nachrichten an andere Roboter verschickt werden.

Voraussetzung dafür ist, dass das jeweils angeschlossene Gerät die entsprechenden Sensoren besitzt bzw. zu den entsprechenden Aktionen fähig ist. In der aktuellen Version 2.4.1 des „Open Roberta Coding Labs" können folgende Hardware programmiert werden:
- Lego Mindstorms EV3 in leJOS (Java) und ev3dev (Python)
- Lego Mindstorms NXT
- Calliope mini
- micro:bit
- Bot'n Roll [beta]
- Nao [beta]
- BOB3 [beta][63]

---

63 „Intuitiv programmieren lernen im Open Roberta Lab," zuletzt geprüft am 22.12.2017, https://www.roberta-home.de/lab/.

Nachfolgend werden die aufgezählten Geräte, die im Laufe der Arbeit noch nicht definiert wurden, beschrieben.

Die Roboter von Lego Mindstorms lassen sich mit verschiedenen Programmiersprachen steuern. In diesem Fall handelt es sich zum einen um leJOS, ein Betriebssystem für die Programmiersprache Java.[64] Java ist eine universelle Programmiersprache, die klassenbasiert und objektorientiert ist. Zum anderen lässt der Roboter sich über das Betriebssystem Ev3dev steuern, welches mit vielen verschiedenen Programmiersprachen kompatibel ist. In der Aufzählung ist von der Programmiersprache Python die Rede.[65]

Der micro:bit ist die britische Version, des Calliope Mini. Er besitzt auch Tasten und Sensoren, die mit einer Programmieroberfläche programmiert werden können.[66]

Die Roboter Bot'n Roll, NAO und BOB3 sind mit verschiedenen Funktionen ausgestattet, die sich teilweise durch das Anbauen weiterer Teile bzw. Sensoren erweitern lassen. Über eine Programmieroberfläche und entsprechende Programmierung können die Roboter verschiedene Bewegungsabläufe sowie weitere Funktionen ausführen. Der NAO ist zum Beispiel unter anderem in der Lage, Sprache zu erkennen.[67]

Als Alternative kann ein simulierter Roboter, der auf der Programmieroberfläche „Open Roberta Coding Lab" dargestellt wird, programmiert werden. In der Simulierung stehen dem Benutzer verschiedene Hintergründe zur Verfügung, wie z. B. eine Straße oder ein Koordinatensystem. Es können auch eigene Bilder als Hintergrund hochgeladen werden. Die entstehenden Sensordaten können parallel zur Simulation angesehen werden. Es wurde versucht eine

---

64 Maximilian Schöbel, Thorsten Leimbach, Beate Jost, EV3-Programmieren mit Java, (Stuttgart: Fraunhofer Verl., 2014), 33, zuletzt geprüft am 03.01.2018, https://www.roberta-home.de/fileadmin/user_upload/Roberta-EV3programmierenJava_small.pdf.
65 „Programming Languages. Control ev3dev devices from code," zuletzt geprüft am 03.01.2018, http://www.ev3dev.org/docs/programming-languages/.
66 „Willkommen in der Welt der Open Roberta-Roboter!," zuletzt geprüft am 22.12.2017, https://www.open-roberta.org/kids/die-roboter/.
67 Ebd.

Simulation zu schaffen, die möglichst nahe an der Programmierung mit realen Robotern ist (siehe Abbildung 5).

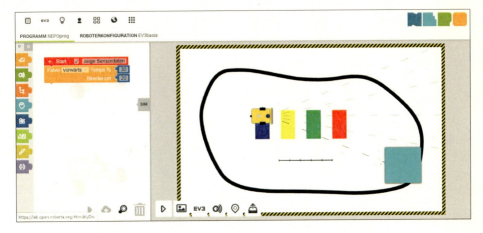

Abbildung 5: Open Roberta Coding Lab - Robotersimulation

Die Programmieroberfläche „Open Roberta Coding Lab" kann über jedes mobile Endgerät verwendet werden. Das Programm kann auch über einen mobilen Server, wie den Raspberry Pi, offline genutzt werden.[68] Mit Erstellung eines Benutzerkontos können die entstandenen Programmierungen gespeichert, auf der Plattform veröffentlicht oder zu einem späteren Zeitpunkt weiterbearbeitet bzw. angesehen werden. Die Registrierung ist kostenlos. Bemerkungen bzw. Beschreibungen zu der Programmierung können beigefügt werden.

---

68 „FAQ zur Roberta-Initiative," zuletzt geprüft am 22.12.2017, https://www.roberta-home.de/transparenz/faq-zur-roberta-initiative/.

Teil 4: Handlungsempfehlungen für die Praxis

Die folgenden Empfehlungen sind aus den drei vorangegangenen Teilen dieser Arbeit und Ergänzungen der Autorin entstanden. Sie zeigen einen möglichen idealen Ablauf einer Codingveranstaltung von der Vorbereitung bis zur Nachbereitung. Dabei ist der Arbeitsprozess chronologisch in Form eines Zeitstrahls geordnet. Der letzte Punkt 4.4 befindet sich außerhalb des Zeitstahls. Er wurde dennoch in diesen Teil aufgenommen, da bei der Auswertung der Interviews aufgefallen ist, dass eine Ursache des geringen Angebotes an digitalen Veranstaltungen die personellen Probleme und Unsicherheiten im Kollegium einer Bibliothek sein können.

4.1 Vorbereitung

4.1.1 Konzept

Bei dem Konzept sollte beachtet werden, dass die Person, die das Konzept schreibt, sich mit der Person, die die Veranstaltung durchführt, über die Inhalte abspricht. Zu Beginn wird ein Grobkonzept erstellt, das dann in der Praxis getestet und ergänzt wird.

Mögliche Inhalte des Konzeptes:

Zeitlicher Turnus der Veranstaltungen

Codingveranstaltungen sollten regelmäßig jede Woche oder alle zwei Wochen stattfinden.

Die jeweilige Dauer der einzelnen Veranstaltungen

Die Dauer der jeweiligen Veranstaltung sollte je nach geplantem Inhalt zwei bis vier Stunden betragen. Bei Veranstaltungen, die länger als zwei Stunden dauern, muss in jedem Fall eine Pause eingeplant werden, um die Aufmerksamkeit der TeilnehmerInnen nicht zu verlieren.

Benötigte Technik, Ausstattung und räumliche Gegebenheiten

Laptops und Tablets sollten ausreichend vorhanden sein, da sie für die meisten Programme bzw. Geräte zwingend erforderlich sind. Ein Computerraum, der mit nicht individuell verstellbarer Möblierung ausgestattet ist, sollte vermieden werden. Der Raum sollte einfach an die individuellen Bedürfnisse der jeweiligen Zielgruppe und an die Gegebenheiten, die bestimmte Geräte benötigen, anpassbar sein.

Bei den Programmen ist es ratsam, möglichst kostenfreie auszuwählen, da sie von den TeilnehmerInnen dann auch zu Hause weiterverwendet werden können. Kostenpflichtige Geräte können zur Ausleihe frei gegeben werden. Die Installation von kostenpflichtigen Programmen an den öffentlichen Computern der Bibliothek wäre ebenfalls denkbar. Da Coding auch ein Thema ist, das sich sehr gut im Makerspacekontext einsetzen lässt, könnte der jeweilige Raum außerhalb der Veranstaltungen offen für die freie Nutzung der Geräte zur Verfügung stehen.

Programme bzw. Geräte, mit denen man Kindern und Jugendlichen spielerisch Programmieren beibringen kann, sind z. B.:

Programme:	App Inventor, Blockly, Bloxels, Hour of Codes, Kodu, Minecraft, Osmo Coding, Programmierapps der verschiedenen Anbieter, Python, Scratch
Geräte:	Arduino, Bee Bots, Calliope, Cubetto, Dash, Lego Minestorms, Makey Makey, Ozobots, Raspberry Pi, Sphero

Minecraft ist ein 3D-Spiel, das komplett aus Blöcken besteht, mit denen kreativ Welten gebaut werden können. Das kann auch durch Programmieren automatisch erfolgen.[69]

---

69 Mirek Hancl, „So coden Kinder im Klötzchenland," zuletzt geändert am 03.09.2017, http://www.spiegel.de/netzwelt/games/minecraft-so-kann-man-mit-dem-kultspiel-programmieren-lernen-a-1165498.html.

Zielgruppen, Altersgruppen und Anzahl der TeilnehmerInnen

Zielgruppen für Codingveranstaltungen könnten Schulklassen, Kindergartengruppen, Kinder und Jugendliche außerhalb des schulischen Kontextes oder ausschließlich Mädchen bzw. Jungen sein.

Es wäre für die Bibliotheken empfehlenswert, für alle Zielgruppen einzelne Angebote oder regelmäßige Veranstaltungsreihen anzubieten, um möglichst viele Kinder und Jugendliche zu erreichen. Bei geschlechtergetrennten Gruppen sollte man auf Grund der Gleichberechtigung immer sowohl Angebote für Mädchen als auch für Jungen anbieten.

Bei Veranstaltungen mit Kindern kann die Altersspanne von 8 bis 12 Jahren und mit Jugendlichen von 13 bis 18 Jahren angegeben werden. Unabhängig vom Alter sollte man aber immer darauf eingestellt sein, dass die Vorkenntnisse und die Leistungen bei jedem/jeder TeilnehmerIn unterschiedlich sein können. Daher ist es praktisch, Erweiterungen bzw. Vereinfachungen für die gestellten Aufgaben vorzubereiten, um zu vermeiden, dass frühzeitig Frust oder Langeweile aufkommt, und um individuell auf die Fähigkeiten der Teilnehmer eingehen zu können.

Ein zu empfehlender Betreuungsschlüssel ist ein Betreuer auf acht TeilnehmerInnen. Die maximale Anzahl der TeilnehmerInnen ist abhängig von der Größe des Raumes, in dem die Veranstaltung stattfindet. Angenehmes Sitzen und Arbeiten sollte für alle TeilnehmerInnen möglich sein.

Thema bzw. grober Inhalt

Zur Vermeidung von Eintönigkeit und Langeweile bei Veranstaltungsreihen sollten verschiedene Formate und Themen eingesetzt werden. Über unterschiedliche Quellen können Ideen für verschiedene Themen im Bereich Coding gefunden werden.

Dazu gehören Angebote freier Medienpädagogen und medienpädagogischer Institute, wie z. B. die Jungen Tüftler, die Medienkompetenzzentren oder die App Camps. Es sollte sich regelmäßig über neue

Trends informiert werden, um den Bedürfnissen der TeilnehmerInnen gerecht zu werden. Dabei helfen auch medienpädagogische Blogs oder Newsletter, wie z. B. medienpädagogik-praxis.de. Das Angebot anderer Bibliotheken oder die Ideen der teilnehmenden Kinder und Jugendlichen können auch sehr hilfreich sein, um neue Themen im Bereich Coding zu generieren.

Bei Veranstaltungen für Schulklassen sollte man sich an dem aktuellen Lehrplan orientieren oder mit den LehrerInnen zusammenarbeiten, um passende Themen zu finden. Eine gute Zusammenarbeit mit den ansässigen Schulen garantiert eine größere Reichweite für die Veranstaltungen. Um Hemmschwellen und Barrieren abzubauen, können die Veranstaltungen auch direkt in den Schulen stattfinden.

Bei speziellen Themen bietet sich die Zusammenarbeit mit passenden Kooperationspartnern an, die sich im Einzugsgebiet der Bibliothek befinden. Dafür wären auch InformatikschülerInnen oder -studentInnen denkbar.

Außerhalb des schulischen Kontextes ist es ratsam, die Veranstaltungen offen und ohne Anmeldezwang zu halten. Interessierte BesucherInnen könnten so auch unangemeldet teilnehmen, ohne direkt danach gesucht zu haben. Dabei besteht die Möglichkeit, in einer Veranstaltung mehrere Programme bzw. Geräte auszuprobieren, um diese erst einmal kennenzulernen. Ein anderes denkbares Format könnte darin liegen, sich auf ein Programm bzw. Gerät zu konzentrieren. So könnten die TeilnehmerInnen sich vertieft einarbeiten oder mit dessen Funktionsweise beschäftigen.

Das Thema Coding kann auch gemeinsam mit den Eltern ausprobiert werden. Bei großen offenen Veranstaltungen oder Stadtfesten außerhalb des Bibliothekskontextes können Stationen mit verschiedenen Experimentiermöglichkeiten aufgebaut werden. Batteriebetriebene Roboter sind z. B. sehr gut zu Park- oder Sommerfesten im Freien einsetzbar, da sie keinen Strom benötigen. Das kann gleichzeitig auch ein gutes Marketingmittel für die Bibliothek selbst sein. Neue Angebote, mit denen in einer Bibliothek nicht gerechnet wird, können der allgemeinen Öffentlichkeit vorgeführt und so ihr Interesse dafür geweckt werden.

Bei großen öffentlichen Veranstaltungen muss damit gerechnet werden, dass auch Kinder unter acht Jahren die Angebote nutzen möchten. Das Gleiche gilt natürlich auch für Veranstaltungen mit Kindergartengruppen. Diese können z. B. mit kleinen Robotergeschichten eingeleitet werden und danach zum Ausprobieren einfacher Roboter, wie den Cubettos oder den Bee Bots, übergehen. Um Kindern unter 8 Jahren ein Erfolgserlebnis zu ermöglichen, sollten mehr BetreuerInnen eingesetzt werden, da teilweise eine eins zu eins Betreuung nötig sein wird.

4.1.2 Finanzierung

Je nach finanzieller Lage der Bibliothek wäre es ratsam, für die medienpädagogischen Angebote einen eigenen Etat einzurichten. Davon könnten dann die verschiedenen Roboter, Geräte und ggf. Lizenzen für Programme erworben werden. Das Honorar für KooperationspartnerInnen oder externe Unterstützer bei größeren Veranstaltungen könnte darin ebenfalls eingeplant sein.

Durch Drittmittel, Sponsoren, Wettbewerbe, Projektanträge oder Aktionen der Stadt könnte das Budget aufgestockt werden. Es bietet sich an, mit anderen, an dem Thema Coding interessierten Institutionen bzw. solchen, die damit bereits Erfahrungen gesammelt haben, zusammenzuarbeiten und sich ggf. für gemeinsame Aktionen die benötigten Mittel zu teilen.

4.1.3 Marketing

Ein gutes Durchhaltevermögen ist bei der Einführung neuer Angebote oft unerlässlich. Vielfach müssen zahlreiche Marketingmöglichkeiten genutzt werden, um neue Angebote, wie z. B. das Thema Coding, erst bekannt zu machen. Plakate und Flyer in und außerhalb der Bibliothek sowie Beiträge auf Social-Media-Seiten wären nur ein paar Möglichkeiten. Um Missverständnisse zu vermeiden, sollte die Form und die angestrebte Zielgruppe auf den Werbematerialien zu den Veranstaltungen klar definiert werden.

Bei verschiedenen Stadtfesten, wie z. B. Kinder- oder Familienfesten, könnte die Bibliothek an einem Stand das neue Angebot vorstellen. Beim Thema Coding bieten sich dafür batteriebetriebene Roboter sehr gut an, da sie nicht auf permanente Stromversorgung angewiesen sind.

Eine enge Zusammenarbeit mit den städtischen Schulen und Kindergärten ist immer ein sehr guter Weg, um so viele Kinder und Jugendliche wie möglich zu erreichen. Informationsschreiben an die LehrerInnen und spezielle Informationsveranstaltungen können dabei unterstützen. In einigen Bibliotheken werden auch Codingsets für LehrerInnen angeboten. In denen befinden sich die entsprechenden Geräte sowie passende didaktische Materialien, beispielsweise Erklärungen und Einsatzmöglichkeiten. Die LehrerInnen könnten dadurch ermutigt werden, sich mit dem Thema Coding auseinanderzusetzen und es in den allgemeinen Unterricht zu integrieren. Den SchülerInnen werden so vermehrt Berührungspunkte mit dem Thema ermöglicht.

4.2 Durchführung

Die Veranstaltung sollte mit einer kurzen Einführung beginnen. Dabei sollten die wichtigsten Grundlagen erklärt werden, um das jeweilige Programm bzw. Gerät bedienen zu können. Wenn Arbeitsmaterialien und/oder Aufgabenblätter zur Verfügung stehen, sollten sie zeitversetzt an die TeilnehmerInnen verteilt werden. Damit wird sichergestellt, dass sie in der Arbeitsphase selbst das Programm bzw. Gerät ausprobieren und selbstständig die gestellten Aufgaben lösen können. Wenn die TeilnehmerInnen nicht weiterkommen, sollten durch den oder die BetreuerInnen nur kleine Hilfestellungen und Tipps gegeben werden. Den Kindern und Jugendlichen sollte das Gefühl vermittelt werden, selbst auf die Lösung gekommen zu sein. Wichtig ist in jedem Fall, dass sie genügend Zeit zum Ausprobieren und Experimentieren haben. Bei vielen Programmen besteht die Möglichkeit, verschiedene Figuren oder Hintergründe selbst zu erstellen. Dieser kreative und spielerische Umgang mit dem Thema Programmieren verringert ggf. bestehende Berührungsängste und kann die Motivation erheblich steigern. Es ist empfehlenswert, die TeilnehmerInnen dafür in Gruppen von zwei Personen arbeiten zu lassen. Soft Skills wie Teamfähigkeit können damit gefördert werden.

Die BetreuerInnen sollten flexibel und spontan auf die Bedürfnisse der TeilnehmerInnen eingehen. Da Coding für viele unabhängig vom Alter ein neues Thema ist, kann sich innerhalb einer Gruppe das Vorwissen der einzelnen TeilnehmerInnen sehr unterscheiden. Man sollte dennoch keine Angst davor haben, auch neue Sachen auszuprobieren und die Kinder und Jugendlichen zu fordern sowie zu fördern. Ggf. können Ersatzprogramme oder Geräte genutzt werden.

4.3 Nachbereitung

Zur Evaluation können die TeilnehmerInnen am Ende der Veranstaltung befragt werden, ob es ihnen gefallen hat. Bei Veranstaltungsreihen bietet es sich an, die TeilnehmerInnen dahingehend zu befragen, was sie beim nächsten Mal gern vertiefen würden oder was sie von dem nächsten Thema halten bzw. ob sie Ideen und Wünsche haben.

Zur besseren Übersicht ist es von Vorteil, diese Informationen schriftlich festzuhalten. Man könnte sie mit einer kurzen Beschreibung und Bewertung der Veranstaltung sowie dem Alter und der Anzahl der Teilnehmer ergänzen. Mit diesen Informationen kann man auch langfristig beobachten, wie gut die Veranstaltung bei der Zielgruppe ankommt und wie viele Personen tatsächlich erreicht werden können.

Wurde die Veranstaltung von einem/einer anderen MitarbeiterIn, als der Person, die für die Planung und Organisation zuständig ist, oder von mehr als einer Person durchgeführt, ist eine Auswertung empfehlenswert. Dieses Resümee hilft bei der Ergänzung bzw. Anpassung des zuvor erstellten Konzepts. Bei einem positiven Verlauf der Veranstaltung kann es eine zusätzliche Motivation für die beteiligten MitarbeiterInnen sein, sich auch darüber auszutauschen.

4.4 Interne Kommunikation

Bei dem Thema der digitalen Medien kann es manchmal zu Problemen im Kollegium kommen. Eine Bibliothek wird im Allgemeinen oft noch mit Lesungen und Büchern gleichgesetzt, in der neue Veranstaltungsformen wie z. B. Coding Ängste hervorrufen können. Es ist wichtig von Anfang an zu vermitteln, dass das eine Thema das andere nicht ablösen bzw. ersetzen wird. Digitale Veranstaltungsformate wie Coding können zusammen mit klassischen analogen bestehen und auch kombiniert werden. Beides gehört in das Bild einer modernen Bibliothek, die sich den aktuellen Anforderungen der digitalen Welt und den Bedürfnissen ihrer NutzerInnen anpasst.

Um Ängste und Unsicherheiten im Kollegium abzubauen, sollten Möglichkeiten geschaffen werden, dieses Thema auszuprobieren. Vielleicht können dadurch noch mehr MitarbeiterInnen motiviert werden, zu diesem Thema Veranstaltungen anzubieten oder die bereits Zuständigen zu entlasten. In kleineren Bibliotheken können dafür z. B. auch Schulungen für das ganze Kollegium angeboten werden.

Bei größeren Bibliothekssystemen, die neben der Zentralbibliothek auch Zweigbibliotheken haben, wäre es effektiver, wenn pro Bibliothek mindestens ein/eine MitarbeiterIn Codingveranstaltungen anbieten könnte. Nur so kann ein flächendeckendes Angebot gewährleistet werden.

Fazit

Das Thema Coding nimmt in der digitalen Gesellschaft immer mehr an Bedeutung zu. Programmierfähigkeiten werden unter anderem grundlegende Eigenschaften sein, um die Zukunft mitgestalten zu können. Diese Arbeit beschäftigt sich mit Codingveranstaltungen in Kinder- und Jugendbibliotheken. Dafür wurden zu Beginn drei Forschungsfragen formuliert. Die erste Forschungsfrage thematisierte den aktuellen Forschungsstand zum Thema Coding in Bezug auf Kinder und Jugendliche sowie Bibliotheken. Es hat sich herausgestellt, dass derzeit nur wenig Fachliteratur zu diesem Thema existiert. Im nichtbibliothekarischen Kontext gibt es unterschiedliche Artikel verschiedener Fachleute zum Thema Coding mit Kindern und Jugendlichen. Die Überprüfung des Forschungsstandes ergab, dass die positiven Meinungen zu dem Thema Coding mit Kindern und Jugendlichen überwiegen. Im Laufe dieser Arbeit wurde anhand von vier Bibliotheken untersucht, wie Codingveranstaltungen mit Kindern und Jugendlichen im bibliothekarischen Kontext umgesetzt werden können. Alle interviewten Expertinnen waren sich einig, dass das Vermitteln von Programmierfähigkeiten sehr bedeutsam ist und von den Kindern und Jugendlichen gut angenommen wird.

Es konnte festgestellt werden, dass das Thema Coding in Bibliotheken in Deutschland noch relativ neu ist. Die untersuchten Bibliotheken sind alle der BIX-ÖB-Gruppe vier oder fünf zuzuordnen. Das zeigt, dass vor allem Bibliotheken größerer Städte Vorreiter bei neuen Themen wie diesem sind. Der europäische sowie der internationale Vergleich zeigt, dass dieses Thema in anderen Ländern bereits in vielen Öffentlichen Bibliotheken angekommen ist. In Finnland bieten die Öffentlichen Bibliotheken in Tapiola (Espoo)[70] und Vantaa bereits Veranstaltungen zum Thema Coding an. Das Gleiche gilt für die polnische Biblioteka Murow, die in dem Rahmen von der EU gefördert wird.[71]

---

70 Udo Somma, „Die Bibliothek als digitaler Bildungsort," zuletzt geändert im 07.2017, http://www.medienimpulse.at/articles/view/1128.
71 Eva Ramminger, Magdalena Andrae und Andrea Torggler, „Libraries Solidarity Society. Schritte zu einer Intensivierung der Kooperation zwischen den deutschsprachigen und internationalen

In den USA sind in diesem Zusammenhang z. B. die Westport Library zu nennen. Die Bibliothek hat einen Makerspace, in dem für Kinder jeden Alters verschiedene Veranstaltungen, auch zum Thema Coding, angeboten werden. Das beinhaltet neben dem Programmieren von Robotern auch das Erlernen der Programmiersprachen Scratch und Python.[72] Ähnliche Angebote findet man auch in zahlreichen anderen amerikanischen Bibliotheken, wie z. B. in der Öffentlichen Bibliothek in Clearwater[73] und Harris County[74]. Die Öffentliche Bibliothek Chicago bietet in ihren „lebenden Laboren" nach dem Vorbild von Benjamin Franklin ebenfalls verschiedene Programmierangebote für Kinder und Jugendliche an.[75]

Die vielen Angebote im Bereich Coding von Bibliotheken weltweit zeigen, wie wichtig dieses Thema auch im Bereich der Bibliotheken ist. Die Aussagen der interviewten Expertinnen haben gezeigt, dass man sich Vieles selbst auch ohne Vorkenntnisse im Bereich des Programmierens aneignen und interessante Veranstaltungen organisieren kann. Die „Open-Roberta-Initiative" des Fraunhofer Instituts bietet dabei eine umfangreiche Unterstützung. Das Programm ist leicht zu bedienen und mit zahlreichen Geräten kombinierbar. Als Inspirationshilfe dient die Vielzahl an Materialien und Anwendungsbeispielen.

Eine gute Methode, Codingveranstaltungen in Bibliotheken zu etablieren, ist laut den Expertinnen, sie als Makerspaceangebot zu nutzen. Die Idee der Makerspaces und des dänischen Four-Spaces-Modells sind beide Teil der modernen Bibliothek. Das Four-Spaces-Modell beschreibt die Bibliothek als Mi-

---

Bibliotheksverbänden," Mitteilungen der Vereinigung Österreichischer Bibliothekarinnen und Bibliothekare 70, Nr. 2 (2017): 288, zuletzt geprüft am 19.01.2018, https://ojs.univie.ac.at/index.php/voebm/article/view/1900/1731.

72 „MakerSpace Equipment," zuletzt geprüft am 19.01.2018, http://westportlibrary.org/makes.
73 Elise Aiello, „Clearwater Public Library System's Collaborative Role in the City of Clearwater's Economic Development Efforts," zuletzt geändert am 05.05.2017, https://tblc.org/clearwater-public-library-systems-collaborative-role-in-the-city-of-clearwaters-economic-development-efforts/.
74 „Robotics," zuletzt geprüft am 19.01.2018, http://www.hcpl.net/category/tags/robotics.
75 Brian Bannon, „Bibliothek nach dem Bildungsauftrag von Benjamin Franklin," B.I.T. online: Zeitschrift für Bibliothek, Information und Technologie 20, Nr. 3 (2017): 224.

schung aus Treffpunkt, Inspirationsraum, Lernort und Darstellungsraum.[76] Sie leihen nicht mehr nur Medien aus, sondern dienen der Weiterbildung und dem Austausch. Die Idee der Makerspaces, die in zahlreichen Bibliotheken schon lange zum Alltag gehört, ist ein Zeichen für diese Entwicklung. Es geht nicht mehr nur ums Konsumieren, sondern ums Erleben, Gestalten und Mitmachen. Das Thema Coding setzt an dieser Schnittstelle an und kann das Angebot der Bibliothek im Bereich Lese- und Medienkompetenzförderung erweitern.

Bibliotheken sind ein Spiegel der gesellschaftlichen Entwicklungen. Durch die Digitalisierung verändern sich zahlreiche Bereiche. Dazu gehören auch die Bibliotheken. Wichtig ist nur, dass diese Veränderungen nicht nur im Stillen geschehen und nur den bereits aktiven Nutzern zugutekommen, sondern auch der breiten Öffentlichkeit sichtbar gemacht werden, um noch mehr Menschen erreichen zu können.

Diese Arbeit hat sich mit dem reinen Arbeitsprozess bei der Einführung von Codingveranstaltungen in Bibliotheken beschäftigt. Der ursprüngliche Gedanke war, den didaktischen Mehrwert des Themas für Kinder und Jugendliche zu ermitteln. Das konnte auf Grund des zeitlichen Rahmens der Arbeit nicht realisiert werden. In späteren Arbeiten könnte dieser Sachverhalt weiter erforscht und die wenig ausgeprägte Fachliteratur zu dem Thema ergänzt werden. Diese Arbeit soll als Empfehlung für interessierte BibliothekarInnen dienen und einen Überblick über bestehende Möglichkeiten der Umsetzung des Themas Coding schaffen.

---

76 Jens Thorhauge, „Ein breites Spektrum. Das Konzept für die moderne Bibliothek in Deutschland und Dänemark," BuB Forum Bibliothek und Information 66, Nr. 1 (2014): 34, zuletzt geprüft am 20.01.2018, http://b-u-b.de/breites-spektrum-konzept-fuer-moderne-bibliothek-in-deutschland-und-daenemark/.

Literaturverzeichnis

Aiello, Elise. „Clearwater Public Library System's Collaborative Role in the City of Clearwater's Economic Development Efforts." Zuletzt geändert am 05.05.2017. https://tblc.org/clearwater-public-library-systems-collaborative-role-in-the-city-of-clearwaters-economic-development-efforts/.

App Camps. „Das App Camps Team." Zuletzt geprüft am 19.01.2018. https://appcamps.de/team/.

Bannon, Brian. „Bibliothek nach dem Bildungsauftrag von Benjamin Franklin." B.I.T. online: Zeitschrift für Bibliothek, Information und Technologie 20, Nr. 3 (2017): 224-226.

Bibliotheksindex. „Die Vergleichsgruppen („BIX-Kategorien") für Öffentliche Bibliotheken." Zuletzt geprüft am 20.12.2017. http://www.bix-bibliotheksindex.de/projektinfos/vergleichsgruppen/oeffentliche-bibliotheken.html.

Bloxelsbuilder. „Dein Universum in jedem Block." Zuletzt geprüft am 20.01.2018. http://home.bloxelsbuilder.com/de.html.

Bundeskanzlerin. „Rede von Bundeskanzlerin Merkel zur Deutsch-Französischen Digitalkonferenz am 13. Dezember 2016." Zuletzt geprüft am 07.01.2018. https://www.bundeskanzlerin.de/Content/DE/Rede/2016/12/2016-12-13-deutsch-franzoesische-digitalkonferenz.html.

Bundesministerium für Gesundheit. „Ergebnisse der BLIKK Studie 2017 vorgestellt." Zuletzt geändert am 29.05.2017. https://www.drogenbeauftragte.de/presse/pressekontakt-und-mitteilungen/2017/2017-2-quartal/ergebnisse-der-blikk-studie-2017-vorgestellt.html.

Calliope. „Übersicht der Calliope-mini-Pilotschulen." Zuletzt geprüft am 05.01.2018. https://calliope.cc/schulen/pilotphase.

Campagna, Güncem. „Digitale Bildung gehört in die Schulen!" Zuletzt geändert am 10.03.2017. http://www.codingkids.de/meinung/guencem-campagna-digitale-bildung-in-die-schulen.

Codeweek. „Über die Code Week." Zuletzt geprüft am 20.01.2018. http://codeweek.de/#ueber.

Codingschule. „Das sind wir." Zuletzt geprüft am 19.01.2018. https://www.codingschule.de/ueber-uns.

Deutsche Bibliotheksstatistik (2018): Variable Auswertung. Zugriff am 20.01.2018. http://www.bibliotheksstatistik.de.

Duden. „Programmieren." Zuletzt geprüft am 07.01.2018. https://www.duden.de/rechtschreibung/programmieren.

Ev3dev. „Programming Languages. Control ev3dev devices from code." Zuletzt geprüft am 03.01.2018. http://www.ev3dev.org/docs/programming-languages/.

Gohr, Ronald, Jochen Dudeck. „Die Kinder- und Jugendbibliotheken in der Zukunft." BuB Forum Bibliothek und Information 66, Nr. 7-8 (2014): 526-527. Zuletzt geprüft am 07.01.2018. http://www.b-u-b.de/pdfarchiv/Heft-BuB_07_2014.pdf#page=1&view=fit&toolbar=0&pagemode=bookmarks.

Hagemeister, Maiken, „Heldengeschichten aus Bibliotheken. Computer verstehen lernen." BuB Forum Bibliothek und Information 68, Nr. 10 (2016): 594-597. Zuletzt geprüft am 07.01.2018. http://b-u-b.de/wp-content/uploads/2016-10.pdf.

Hancl, Mirek. „So coden Kinder im Klötzchenland." Zuletzt geändert am 03.09.2017. http://www.spiegel.de/netzwelt/games/minecraft-so-kann-man-mit-dem-kultspiel-programmieren-lernen-a-1165498.html.

Harris County Public Library. „Robotics." Zuletzt geprüft am 19.01.2018. http://www.hcpl.net/category/tags/robotics.

Hoffmann, Julia, Natalie Sontopski. We love code!: das kleine 101 des Programmierens. Leipzig: Koehler & Amelang, 2016.

IAIS Fraunhofer. „MINT-Förderung und Bildung." Zuletzt geprüft am 22.12.2017. https://www.iais.fraunhofer.de/de/geschaeftsfelder/intelligente-medien-und-lernsysteme/uebersicht/mint-foerderung-und-bildung.html.

IAIS Fraunhofer. „Wir machen mehr aus Ihren Daten." Zuletzt geprüft am 22.12.2017. https://www.iais.fraunhofer.de/de/institut/ueber-uns.html.

Jugend hackt. „Was ist...?" Zuletzt geprüft am 20.01.2018. https://jugendhackt.org/was-ist/.

Junge Tüftler. „Über uns." Zuletzt geändert an 19.01.2018. http://junge-tueftler.de/ueber-uns-team/.

Kindersoftwarepreis. „TOMMI – Der deutsche Kindersoftwarepreis 2017." Zuletzt geprüft am 20.01.2018. http://www.kindersoftwarepreis.de.

Knodel, Diana. „Warum die Schule der richtige Ort ist, um Programmieren zu lernen – besonders für Mädchen." Zuletzt geändert am 15.02.2016. https://editionf.com/programmieren-maedchen-schule-app-camps.

Knodel, Philipp. „Die digitale Welt erklären statt nur warnen." Zuletzt geändert am 23.05.2017. http://www.codingkids.de/meinung/die-digitale-welt-erklaeren-statt-nur-zu-warnen.

Knodel, Philipp. „Programmieren lernen. Die besten Produkte für Kinder und Jugendliche." Zuletzt geändert am 04.07.2016. https://editionf.com/Programmieren-lernen-Tolle-Produkte-fuer-Kinder-und-Jugendliche.

Lankau, Ralf. „Kinder sollten lange ohne Display aufwachsen." Zuletzt geändert am 20.04.2017. http://www.codingkids.de/anfangen/ralf-lankau-bildschirmfrei-aufwachsen-desto-besser.

Mayer, Horst O. Interview und schriftliche Befragung: Entwicklung, Durchführung und Auswertung. 4., überarbeitete und erweiterte Auflage. München: Oldenbourg, 2008.

Mayring, Philipp. Einführung in die qualitative Sozialforschung: eine Anleitung zu qualitativem Denken. 6. Auflage. Weinheim: Beltz, 2016.

Medien und Schule. „Archiv der Kategorie. Programmieren." Zuletzt geprüft am 20.01.2018. https://medienundschule.ch/category/lehrmittel/programmieren/.

Meuser, Michael und Ulrike Nagel. „ExpertInneninterviews – vielfach erprobt, wenig bedacht. Ein Beitrag zur qualitativen Methodendiskussion." In Qualitativ-empirische Sozialforschung, hrsg. von Detlef Garz und Klaus Kraimer, 441-471. Opladen: Westdeutscher Verlag, 1991.

Mey, Bianca. „Programmieren für Kinder. 11 tolle Ideen." Zuletzt geändert am 11.05.2017. http://www.codingkids.de/machen/programmieren-fuer-kinder-11-tolle-ideen.

Nerdzone. „Was ist Hackathon?" Zuletzt geprüft am 20.01.2018. http://www.nerd-zone.com/hackathon/what-is-hackathon/.

Nötzelmann, Cordula. „Makerspaces. Eine Bewegung erreicht Bibliotheken." Bibliotheksdienst 47, Nr. 11 (2013): 873-876. https://dx.doi.org/10.1515/bd-2013-0099.

Open Roberta. "Open Roberta Coding Lab." Zuletzt geprüft am 20.01.2018. https://lab.open-roberta.org.

Open Roberta. „Vorbeikommen, losprogrammieren. Die Open Roberta Coding Hubs." Zuletzt geprüft am 26.01.2018. https://www.open-roberta.org/initiative/roberta-netzwerk/open-roberta-coding-hubs/.

Open Roberta. „Willkommen in der Welt der Open Roberta-Roboter!" Zuletzt geprüft am 22.12.2017. https://www.open-roberta.org/kids/die-roboter/.

Ramminger, Eva, Magdalena Andrae und Andrea Torggler, „Libraries Solidarity Society. Schritte zu einer Intensivierung der Kooperation zwischen den deutschsprachigen und internationalen Bibliotheksverbänden." Mitteilungen der Vereinigung Österreichischer Bibliothekarinnen und Bibliothekare 70, Nr. 2 (2017): 284-289. zuletzt geprüft am 19.01.2018. https://ojs.univie.ac.at/index.php/voebm/article/view/1900/1731.

Raspberry Pi. „About Us." Zuletzt geprüft am 03.01.2018. https://www.raspberrypi.org/about/.

Roberta Home. „FAQ zur Roberta-Initiative." Zuletzt geprüft am 26.01.2018. https://www.roberta-home.de/transparenz/faq-zur-roberta-initiative/.

Roberta Home. „Intuitiv programmieren lernen im Open Roberta Lab." Zuletzt geprüft am 25.01.2018. https://www.roberta-home.de/lab/.

Roberta Home. „Lerneinheiten und Experimente." Zuletzt geprüft am 03.01.2018. https://www.roberta-home.de/lehrkraefte/lerneinheitenexperimente/.

Roberta Home. „Roberta-Materialien." Zuletzt geprüft am 03.01.2018. https://www.roberta-home.de/lehrkraefte/roberta-materialien/.

Schmid, Franziska. „Programmieren in der Schule – ohne Wenn und Aber." Zuletzt geändert am 02.11.2017. http://www.codingkids.de/meinung/programmieren-in-der-schule-franziska-schmid-junge-t%C3%BCftler.

Schöbel, Maximilian, Thorsten Leimbach, Beate Jost. EV3-Programmieren mit Java. Stuttgart: Fraunhofer Verl., 2014. Zuletzt geprüft am 03.01.2018. https://www.roberta-home.de/fileadmin/user_upload/Roberta-EV3programmierenJava_small.pdf.

Schulz, Jakob. „Digital ist jetzt – legen wir endlich los!" Zuletzt geändert am 06.12.2017. http://www.codingkids.de/anfangen/essay-jakob-schulz-digital-ist-jetzt.

Scoyo. „Programmieren lernen für Kinder. Mit Spaß fit für die Zukunft." Zuletzt geprüft am 20.01.2018. https://www-de.scoyo.com/eltern/kinder-und-medien/programmieren-lernen-kinder-fit-fuer-die-zukunft.

Seelig, Lisa. „Flaschendrehen als App. Was Schülern beim Programmieren alles einfällt." Zuletzt geändert am 07.05.2015. https://editionf.com/diana-knodel-app-camps.

Selting, Margret u. a. „Gesprächsanalytisches Transkriptionssystem (GAT)." Linguistische Berichte 173 (1998): Zuletzt geprüft am 03.12.2017. http://www.germanistik.uni-hannover.de/fileadmin/deutsches_seminar/publikationen/gat.pdf.
Somma, Udo. „Die Bibliothek als digitaler Bildungsort." Zuletzt geändert im 07.2017. http://www.medienimpulse.at/articles/view/1128.
Spitzer, Manfred. „Kinder lernen besser ohne Computer." Zuletzt geändert am 22.06.2007. http://www.tagesspiegel.de/weltspiegel/hirnforscher-manfred-spitzer-kinder-lernen-besser-ohne-computer/965756.html.
Thorhauge, Jens. „Ein breites Spektrum. Das Konzept für die moderne Bibliothek in Deutschland und Dänemark." BuB Forum Bibliothek und Information 66, Nr. 1 (2014): 32-35. Zuletzt geprüft am 20.01.2018, http://b-u-b.de/breites-spektrum-konzept-fuer-moderne-bibliothek-in-deutschland-und-daenemark/.
Vogt, Hannelore, Bettina Scheurer, Hans-Bodo Pohla. „Orte für Kreativität und Wissenstransfer. Bibliotheken als Makerspaces." BuB Forum Bibliothek und Information 69, Nr. 1 (2017): 20-25. Zuletzt geprüft am 07.01.2018. http://b-u-b.de/wp-content/uploads/2017-01.pdf.
Westportlibrary. „MakerSpace Equipment." Zuletzt geprüft am 19.01.2018. http://westportlibrary.org/makes.
Wikipedia. „Hub." Zuletzt geprüft am 03.01.2018. https://de.wikipedia.org/wiki/Hub.

Weitere Titel des b.i.t.verlag
finden Sie unter
www.b-i-t-online.de

b ■ i ■ t ■ verlag